国士无双

管理学家详解历代名相

刘灿梁◎著

北京大学出版社
PEKING UNIVERSITY PRESS

图书在版编目(CIP)数据

国士无双:管理学家详解历代名相/刘灿梁著.—北京:北京大学出版社,2011.1

ISBN 978-7-301-18069-3

Ⅰ.①国… Ⅱ.①刘… Ⅲ.①政治家-管理学-思想评论-中国-古代 Ⅳ.①C93-092

中国版本图书馆 CIP 数据核字(2010)第 220834 号

书　　　名:国士无双——管理学家详解历代名相

著作责任者:刘灿梁　著

策 划 编 辑:贾米娜

责 任 编 辑:马　霄

标 准 书 号:ISBN 978-7-301-18069-3/F·2638

出 版 发 行:北京大学出版社

地　　　址:北京市海淀区成府路 205 号　100871

网　　　址:http://www.pup.cn　电子邮箱:em@pup.cn

电　　　话:邮购部 62752015　发行部 62750672　编辑部 62752926
　　　　　　出版部 62754962

印 刷 者:三河市欣欣印刷有限公司

经 销 者:新华书店
　　　　　　730 毫米×980 毫米　16 开本　16.5 印张　203 千字
　　　　　　2011 年 1 月第 1 版　2011 年 1 月第 1 次印刷

印　　　数:0001—8000 册

定　　　价:35.00 元

目录

商鞅

自古驱民在信诚
一言为重百金轻
今人未可非商鞅
商鞅能令政必行

一言为重百金轻

商鞅

上

各位来宾、各位观众，大家早上好！

我们很高兴有这样一个机会能给各位介绍一下中国七千年历史上有名的几个宰相，以及他们在治理国家上所作出的贡献。我们学历史不是为了考试，而是为了从古人的作为当中，学到一些有用的知识和方法，用到现代社会的管理过程当中。

我们先介绍一下今天所要谈到的几个宰相。按照历史顺序，我们第一个先介绍商鞅，他是中国历史上一位改革的先驱。

商鞅以前不姓商，他姓公孙，叫公孙鞅，是卫国一个国君的妾所生的孩子，因为很不得志，卫国又没落了，所以流落到边疆放羊放牛去了。后来他投靠了魏国，就是战国七雄的魏国，在宰相魏痤那里做了一个门客。我们中国历史上在用人举士上分为几个阶段：春秋战国那个时候叫“士族制度”，贵族是世袭的。在贵族世袭制度下，有时候贵族为了自保，会吸纳一些有用的老百姓，这些百姓称为“白衣”，因为古代老百姓穿的衣服不能有刺龙、刺凤、彩色的，都是素色的，所以叫“白衣”。老百姓为了翻身，也只能投靠权贵，找机会、求表现才有翻身的机会。当时商鞅就投靠魏痤去了，在魏痤门下当了一个门客。商鞅从小很用功，因为他很清楚，一个穷人家的孩子要翻身，只有两个途径：第一，学问很好；第二，有一技之长。否则别无他途。商鞅虽然穷，但他很用功，从小看了很多书。在他学习过的内容里，他最感兴趣的，是李悝的法学和吴起的兵书，还有管仲治齐的事迹。因此他把学习的重点放在了“刑名之学”的学习上。

这个“刑名之学”以现在来看，就是法家。很多人认为法家依法治国很严苛。其实不是，韩非集法家之大成，对法家的学说做了最简单的说明。法家的重点就是“严其境内之治，明其法禁，必其赏罚，尽其地力以多其积，致其民死以坚其城守，使天下得其地则其利少，攻其国则其伤大，万乘之国莫敢自顿于坚城之下，使强敌裁其弊也，此必不亡之术也。舍必不亡之术而道必灭之事，则治国者之过也”。韩非讲得非常简单，法家的思想就是，要把精力重点放在国内的治理整顿上，好好地把国内的治理整顿做好，而不是把精力放到外面去。

以韩非子为代表的法家的看法就是这样，他们认为应该把重点放在国内的治理整顿上，放在国内的经济建设上，让国内先韬光养晦，把实力建立起来。那么怎么做呢？他“明其法禁”。法家认为，国内首先要“明其法禁”，一些在政治上腐败、无能、无知、无耻的官员，要全部铲掉。把历代王朝的历史翻开，可以看到，国家灭亡都是官员的无能、无知跟无耻导致的，这样的“三无”官员，一定要铲掉！政治要清明，“必其赏罚”，使社会安定。“尽其地力以多其积”，过去的经济结构中，工商业不发达，因为古代的经济是农业经济，发展的重点放在农业上，所以应该开垦土地，发展农业，让国家的经济发展起来，让人们的生活得到改善。经济改善以后，才有能力搞国防，才能“致其民死以坚其城守”，把国防同时建立起来。这就是从整顿吏治、政治清明，到社会安定、民生富裕、经济发展，到国防强大的过程。这样一来，“天下得其地则其利少”，别国想占领你的土地要花的成本太大了，没有什么好处；“攻其国则其伤大”，想要打你要付出很大的代价，因为你的国力太强，别人就不能动你了。这才是一个国家“必不亡之术”——永远不会灭亡的道理。政治清明、社会安定、民生富裕、经济发展、国防强大，这是一个国家永远不会灭亡的根本。“今舍必不亡之术”，如果国家的治理者把这一套东西丢了，像美国这样，老是去干涉别人的内政，到外面去搞发展，这就叫“舍必不亡之术而道必灭之事”，这样的国家是要亡的呀。到后来是“智困于内而政乱于外，则亡不可振也”，如果国家内部混乱，外面又处理不了，这个国家就是无药可救、必然要灭亡的了。这就是法家的理论，很多人说法家是严刑峻法，其实不是那个意思，刚刚讲的才是法家理论的重点所在。

商鞅受这个理论的影响非常深，他跟魏痤谈怎样强国强兵，怎样把国家治理整顿好。魏痤对他非常了解，也很赞赏，认为他有见地、有才学。当时魏国的国君是魏惠王，又叫梁惠王，《孟子》的第一篇就是《梁惠王篇》。梁惠王把魏国治理得不错，魏痤也是很有能力的宰相。可惜魏痤病重，快死了。梁惠王担心啊，“这么好的宰相走了，我魏国怎么办呢”？于是就来探望魏痤。

“相邦啊，你病得好重啊，太医看过没有啊?”

“看过了。”

“太医怎么说呀?”

“禽流感，没救了。”

“哎呀，叫你保养身体，为什么不好好的？搞成这个样子。你走了，我魏国怎么办啊?”

“大王，你放心好了，魏国人才济济，不怕没有人才。”

“那你说我全朝文武百官，谁可以接替你的位子?”

“唉！大王，全朝文武百官尽是一群酒囊饭袋，接什么位子啊。”

惠王一听，不太高兴了。为什么不高兴？全朝文武百官都是酒囊饭袋，那么全朝文武百官谁用的？是我用的。物以类聚，那我不也成了酒囊饭袋了嘛。惠王不太高兴，摸摸他的额头，哎哟，发高烧。

“这么烫啊，你几度啊?”

“四十度了。”

“难怪语无伦次的。那你说，既然我全朝文武百官都是酒囊饭袋，没有一个能接你位子的，那谁可以啊?”

“哎呀，大王啊，只有我那个门客商鞅可以呀。商鞅的才华十倍于我呀，大王啊，我身为国家的宰相，我有责任、有义务为国家推举人才。商鞅的才华十倍于我，大王要是能用商鞅为相，将来魏国的实力肯定十倍于现在！大王，你不能犹豫啊，我死后你要即刻举商鞅为相。”

魏王听完了，“哦，是吗。哦，是吗”。反应很冷淡。魏痤是很聪明的人啊，虽然快死了，眼神不是很好，但也看到了魏王的反应，看来不是很喜欢。他还补了一句话：“大王，我死后四天，你赶快举商鞅为相。

你要不举商鞅为相，干脆就把他给杀了，免得他跑到国外。他要是为外国所用了，将来会危害魏国呀。”

现在美国的研究报告很清楚地表明，人才跟资金往哪里集中，哪里必然成为强国。19 世纪，人才、资金往英国集中，英国成为强权；到了 20 世纪，20 年代以后，人才、资金往美国跑，美国成为强权；50 年代人才、资金往苏联跑，苏联强大；60 年代以后往日本跑，日本强大。90 年代以后人才和资金往哪里跑？往中国。中国就强大了。所以我们要有更大的胸襟，把全世界各国的人才都吸纳到中国来。

曹操为什么把徐庶拉到身边来，即使徐庶从此不再为曹操献一计也无妨，因为这个人刘备也无法再用了。这就叫聪明，人才能为我用最好，不能为我用，别人也别用。如果徐庶继续留在刘备身边，与关羽一起守荆州，关羽怎会丢荆州，三国历史岂不要改写？

所以魏痤对魏王说，商鞅这个人是人才，不要让他流到外国去，否则将来会危害魏国。“大王，你要是不用他，就干脆把他给杀了。”

魏惠王一听，又摸他额头，“哎哟，果然发高烧啊，烧得语无伦次了。哪有不用人家就杀掉的道理呀，太过分了。好啦好啦，我知道，我知道，你好好养身体，我会好好考虑考虑”。然后就走了。

那时商鞅正好奉魏痤之命进来听他交代遗言，于是魏王正好碰到商鞅。按照古代的礼仪，看到国君要把袖子抬起来，遮住脸，等对方离开以后才能抬起头来。所以商鞅一看到魏惠王，就赶快作揖，魏惠王一看，不认识这个人，就问魏痤的随从：“这是谁呀？”

“大王，他就是商鞅。”

“是吗？”魏王就在商鞅周围绕了一圈，看了看他，“我还以为是什么三头六臂呢，不过就是个白衣嘛”。魏王根本瞧不起商鞅，看了看，就走了。

商鞅进去了，魏痤躺在病床上，已经奄奄一息了。

商鞅说："相邦，我来了。"

"来得好啊，来得好。刚刚大王来过了，你碰到了？"

"我碰到了。"

"哦，大王有没有说什么？"

"没有。我作了个揖，他绕了两圈就走了，只说了一句话：'不过是个白衣嘛，我还以为是什么三头六臂。'"

魏痤心里明白了，大王可能不会用他了。"商鞅，你听好啊。我找你来，给你交代最后一件事情。

"我身为魏国的宰相，有责任、有义务为国家推举人才，我别无选择，这是为了国家的前途跟未来。我知道，你的才华十倍于我呀！只有你能接替我的位置，你要是当了魏国的宰相，魏国的国力会十倍于现在，国家甚幸，人民甚幸啊。所以我把你推荐给大王了，我告诉他，我死后四天举你为相。所以商鞅你听好，我死后，你在家里等四天。我又告诉大王，如果不用你，让你被外国所用了，将来对魏国是个危害，不如把你给杀了。

"为国家尽忠，我得举荐人才，忠于国家，我做到了。我死后，你在家里等四天，四天以后，如果大王没有举你为相，你就赶快跑！听到没有？因为我建议大王，如果不用你，就把你给杀了。对朋友得尽义，我也做到了，我总算忠义两全了。忠义两全，我死而无憾，我走了，再见！"说完，魏痤死了。

商鞅有没有跑掉？没有，他优哉游哉地在家等了四天。为什么？因为他知道，既然魏王不会听魏痤的话用他，就更不会听魏痤的话杀他了，那他还怕什么啊！由此可见，商鞅这个人的预见能力很强。我们翻开历史，可以发现，古今中外，一个伟大的国君也好，一个伟大的宰相也好，都有一个共同的特征，那就是有很强的预见能力。

这个时候正好秦国的秦孝公向天下下诏求贤，只要是有能力的人，秦国都重用。秦国为了富国强兵，向天下招纳人才。商鞅知道了，就奔秦国去了。可是刚到秦国时他没有门路，见不到国君，后来通过人介绍，认识了秦孝公的内侍、孝公最宠信的一个太监景监。商鞅带了厚礼去见景监，让景监把自己推荐给孝公。景监收了人家的厚礼，不好意思了，就答应他："好好好，我替你推荐。"在推荐之前，景监先跟商鞅谈了一夜，发现他果然是个人才，确实应该得到重用，就把他引荐给了秦孝公，告诉孝公，有一个了不起的人从魏国来，绝对可以帮助秦国富强壮大。孝公很高兴，就见了商鞅。

没想到商鞅见了孝公以后，跟他谈过去的伏羲氏、神农氏怎么治国，黄帝怎么治国，都是一些古代圣王之事，孝公听不下去，睡着了。商鞅讲了半天，一看大王睡着了，就走了。

出来后，景监问他："大王听了你的建议没有啊？"

"他睡着了。"

"他没喝咖啡啊？"

"没提神，睡着了。"

"是吗？哎呀，我好不容易把你推荐给大王。你居然……哎呀，你刚才都讲了些什么呀？"

"我刚才讲了一些什么伏羲啊、神农啊、尧舜啊、禹汤啊这些伟大的领导人是怎么作为的，大王就睡着了。"

景监就进去了，问大王："大王，那个商鞅……"

"算了算了，迂腐，无知，我没兴趣。我让你给我推荐个有才华的，能帮我富国强兵的，你给我推荐的这是什么人啊？还谈什么伏羲、神农、尧舜、禹汤，太远了！没什么意义。"孝公不高兴了。

过了五天，孝公气消了，景监就说："大王，那个商鞅确实是有才华，可能你没听完，他还有很多特别可用的道理呢。"孝公想了想，也好，不然就再见一次，反正也没什么客人来。那时候秦国还不是强大的国家，所以没有很多外宾来访。越是强大的国家，首都越繁忙。原因是什么呢？因为它变成全球的政治、经济、文化中心了，各国的使节团、领导人、大臣啊，都会来。像北京现在就是整个亚洲最忙的一个首都，国家强大了嘛。那时候秦国还不是很强，没什么客人，既然没客人，那好，就让商鞅再来一次吧。

结果商鞅又见到孝公了，这次谈的又是哪些人呢？他改谈周文王是怎么治国的，周武王是怎么治国的，周公是怎么治国的，怎么用井田制度，怎么使国家强大，怎么打败殷商。孝公听了半天，心想："你不过是强记的能力很强，给我讲一些历史，有什么用啊？算了算了，你回去回去回去。"又让他出去了。

景监赶快追上来，问："怎么样？这次孝公反应如何？"

"他又把我赶出来了。"

"你讲了些什么啊？"

"尧舜禹汤，文武之道。"

"唉呀，我们大王要的是强兵富国之策呀。"

"我是从根本给他讲起啊，他听不懂有什么办法？算了算了，我不如另外找个国家算了。"

这样又过了五天。这一天孝公很不舒服，喝着酒，看着大雁飞过去了。“唉，下诏都半年了，想招天下有志之士来帮助我，却一个也没有。就跟鸿雁飞过去一样，雁过无声啊。”

景监说：“大王，是有人才，只是你没有跟他好好谈而已嘛。”

“哪个人？那个商鞅？”

“对呀。”

“哎呀，我跟他谈了两次，他懂什么，一次给我谈迂腐的东西，一次给我秀他的记忆力，讲他记的历史，对我有什么帮助？”

“大王，商鞅治国之术有三套法宝：一套帝学；一套王学；一套霸学。他几天前给你介绍了两套——帝学和王学，博学还没讲，因为你没听嘛。你不妨再听听看这个霸学，如果不行，那就算啦。”

孝公一听，那也好，那就这样吧，再叫他来。

这一天，商鞅又进来了，这次他跟秦孝公谈富国强兵的霸学、霸王之术了，他谈到管仲是怎么使齐国强大的。孝公一听到管仲让齐桓公成为霸主，精神就来了：“他怎么做的啊？”于是商鞅就把“严其境内之治，明其法禁，必其赏罚，尽其地力以多其积，致其民死以坚其城守”，怎样让政治清明，让社会安定、人民富裕、国家强大、兵强马壮，一样一样地介绍了。孝公听了非常感兴趣，一面听一面问，谈得很满意：“你讲得很好，这正是我要的。你能不能留下来在我们国内帮我改革？”

商鞅卖了一个关子：“大王，这样好了。如果你真有兴趣，我们三天后再谈。”

“为什么要隔三天？”

“大王，我很担心，你听了我这一套理论后是一时兴起，现在你很喜欢，决定革新，富国强兵，等到我真的帮你做了，你又不想做了。那我岂不是要倒霉了？大王你还是好好考虑三天，如果确实要做了，没有问题了，我再来。”

孝公说：“那也好。”

商鞅出来了，景监问他：“怎么样？”

“大王非常有兴趣，要我留下来马上给他做。”

“你答应没有？”

“我说三天后再说。”

景监一听，说：“哎呀，你怎么这么糊涂啊？机不可失啊，你得马上答应啊。”

“我告诉他，三天后再说，我是担心，大王没有真正要革新的意图，我让他好好考虑三天，他意志坚定了会再找我，我才敢确定他真的有兴趣了、真的要做了，我来帮他改革才有意义。一个领导人、一个老板没有意愿改革，只是一时兴起，做两天又不做了，是没有用的。”

“那好，那我就等你的消息吧。”

结果孝公耐不住了，第二天就打电话给商鞅：“公孙先生，你能现在就来吗？我要跟你好好谈谈，我等不了三天了。”

商鞅说：“大王，我们约好是三天，如果我现在就过去，我商鞅就变成一个没有诚信的人了。改革要从诚信开始，才能获得人民的信任。我要帮助你改革，自己却没有诚信，这改革怎么会成功？大王，我们既然说三天，就是三天。”

“好吧，那就这样吧。”

第三天，孝公再次接见商鞅，两人促膝而谈，三天三夜。他问了很多问题：“公孙先生，我秦国到现在为止，从穆公的强大到现在，又衰弱了，是怎么回事？”

商鞅说：“大王，你念过《组织行为学》吗？你念过《管理学》吗？”

"哎呀，那是两千多年以后才有的。"

"那我已经先读了。"

一个组织的发展是渐进的，是有阶段性的。从秦先祖建国开始，建国之前叫做始业阶段，一个组织正要开始建立，就像男女谈恋爱，没有结婚成家以前，这个家庭还没有组建，叫做始业阶段，要形成组建家庭的一切条件。

家庭的组建、公司的形成、国家的建立，叫做整合阶段。一个公司的合伙人往往是好朋友，可合伙以后就翻脸了，这种情况很多。好朋友合伙做生意，合作不愉快，友谊就要结束了。好朋友没有牵涉到真正经营团队利害关系的时候很快乐。可是真正牵涉到组织的利益和发展，要执行决策的时候，观念、意见、价值观、认知不一定一样，冲突就会开始。就像男女谈恋爱一样，恋爱的时候一点问题也没有，所有问题都在结婚后才出现，婚前有问题就不会结婚了，所以问题都在结婚后。团队组建之后，问题就出来了。这个时候需要彼此调整，改变自己，去调试自己来适应这个团队发展的需要，这就进入第三个阶段，叫做转换阶段。

很多组织的转换阶段没有转好，亡掉了，公司垮了，家庭碎了；如果转换阶段彼此调试成功了，这个组织就可以发展了。这时就会进入第四个阶段，叫做成熟阶段。

组织的成熟阶段，又叫工作阶段。这是一个组织真正发展、真正发挥绩效的最高点，所以一个组织真正发展到成熟阶段的时候，士气高昂、向心力强、沟通渠道畅通、绩效高，团队运作良好。过了成熟阶段以后，组织会开始衰亡，进入所谓的老化阶段。

人会老化，组织也会老化而进入老化阶段。到了老化阶段以后怎么办？只有两条路可以走。像美国现在，已经是老化阶段了，进入老化阶段后只有两条路可以走：进入革新阶段，或者，如果不革新，就进入衰亡阶段。革新失败了也会进入衰亡阶段；革新成功了，就进入再生阶段。

商鞅说："大王，穆公以后，秦国是进入了老化阶段，大王，你是了不起的领导者，你明白这个道理，所以向天下求才，要革新，让组织进入革新阶段。革新如果失败，意味着秦国必将衰亡；革新成功，就意味着秦国将走入再生。这是个关键点啊。"

孝公一听，问："那我该怎么做呀？"

孝公该怎么做？到底商鞅说了什么谏言，下次我们再继续说。

谢谢！休息一下。

中

各位电视机前的朋友们，大家好！

我们继续讲商鞅。上一集我们谈到秦孝公三天后再次接见商鞅，谈到了改革的内容。到底要做什么？你能帮我做什么？就像很多董事会把总经理找来了，说明年我们的市场占有率要增长10%，那你告诉我，你要怎么做呀？这需要有一个计划方案出来。在管理上有两个词很重要，一个叫 plan，一个叫 planning。plan 就是计划，计划是静态的东西。明年我们公司市场占有率增长10%，知名度提高20%，这些都是静态的，叫计划。那么，怎样才能使市场占有率增加 10%，使知名度增加 20% 呢？这个执行的过程叫 planning。planning 是进行式，是一个动态的过程，所以计划是一个静态的目标，策划是一个动态的过程。而这个动态过程的要求是：第一，它是完整的，不是片断的；第二，它是连续性的、系统性的；第三，它是可执行的、切合实际的。符合这三点，才能称为“完整的策划案”，才能完成既定计划的目标。

秦孝公是一代改革的明主，他懂得这个道理。“你告诉我你能做，那你告诉我，你怎么做？你有哪些方案？怎么执行？”

商鞅说：“大王，要改革，我们需要了解将要面对的一些问题。”

孝公说：“有什么问题？”

“第一个问题，抗拒。任何的改革一定会面对抗拒。谁的抗拒？第一，既得经济利益者；第二，既得社会地位者；第三，既得有权势者；第四，既得特权者。这四种人会抗拒，因为改革，这些人的经济利益没有了，地位没有了，特权也没有了，他们不会支持改革。不但不支持，还会抵制。”

清朝清德宗光绪皇帝的百日维新为什么会失败？是因为遭到了以慈禧为首的旧势力、既得利益者的抵制。这就叫“抗拒”。现代管理学讲组织变革，里面一定会谈到“抗拒变革”。如果抗拒不能解决，变革就免谈了。比如在公司里面上班，就会发现，很多新制度的推行，都会有很大阻力。

第二个问题，是组织文化的阻碍。因为文化已经形成了，现在突然要改变，人们已经形成的习惯、习性，很难一下子修正过来。

我们学校以前发公文，都是印在纸上，发给各单位。五年前改了，学校从此不再发任何纸质公文，告诉所有单位，让老师、学生，自己上网去看。从本来给纸张到什么都不给，自己随时上网查有什么新的通告，这种变化很多人一下子适应不了，说“你怎么能这样子呢”。这不是既得利益被伤害，而是既定的习惯改变不了，因而无法适应。很多中国人到美国去，适应不了，不是因为他没有特权，或者没有经济能力。各位，我们肚子饿了，想吃什么？吃米饭、吃面条、吃饺子，可到了国外天天啃三明治，啃一天，你还可以忍受；啃两天，马马虎虎；啃三天，你就受不了了。这种习惯的改变是一个大困难。

所以，商鞅说：“大王你要知道，改革不是你想改就能改的，在你面前有各种抗拒，包括利益的抗拒和文化的修正、习惯的改变，不容易啊。”

第三个问题，新法的公布施行，人民是不是相信？对政府有没有信任？如果人民对政府没有信任，那么这个制度就推行不下去了。

“我们秦国已经到了老化阶段，不是穆公时候的强大时期了。一个组织到了老化阶段，地方官员最大的败笔就是无能、无知而且无耻，而他们代表的是政府，人民就会认为你们政府就是无能、无知、无耻，所以会跟政府对抗。”人民一旦跟政府对抗，这个国家就是危险的；员工一旦跟董事们对抗，这个组织就是危险的。“所以首先要让人民能够信任你。”

孝公点头：“还有呢？”

“还有，任何的改革如果不是来自掌握实权的人，这个改革就会失败。所以为什么我隔了三天，才来跟你谈，是因为我不知道你的意愿啊，你是掌握实权的人，我只是帮你做了棋子。就好像马车，你是赶马的人，我是那匹马在跑。你不拉，我这匹马怎么跑？所以所有的改革一定是来自掌握实权的人，它才会成功。如果不是来自掌握实权的人，这样的改革肯定会失败。”

光绪皇帝的改革为什么失败？因为作为改革者的光绪皇帝没有实权，实权掌握在慈禧的手里。王安石的改革为什么失败？因为实权不在宋神宗手里，而是在太后手里。所以改革者能够掌握实权，实权者彻底支持改革，改革才会成功。

最后一个问题，人民不但要信任政府，还得支持和拥护政府。任何变革、任何制度的推行，如果没有得到人民的支持和拥护，政策就不会成功。但是人民支不支持你是建立在对你的信任的基础上的，没有信任了，就免谈支持。

商鞅说：“大王，我再告诉你，要掌握改革的时机。opportunity，机遇，这个关键点要掌握。如果没有掌握关键点，机会错过了才谈改革，就晚了。机不可失啊！”

孝公听了很满意，说：“这个我想我会注意。那么你的内容是什么？你不能给我空谈啊，你改革的内容是什么？”

商鞅说：“大王，国家发展的根本在经济。”

经济如果没有发展起来，其他工作都是空谈，而在当时的古代社会，经济建立在农业发展的基础上。历史上为什么会有农民起义？因为土地的错误分配造成了土地的兼并。每一个王朝刚建立的时候，第一件事，就是普查人口。汉朝就是这样，先进行人口普查，普查完了就分配土地，几家人口几块地。明太祖建国以后在玄武湖制黄龙册和鱼鳞册。黄龙册是人口普查，鱼鳞册是土地普查，分田给大家。

古代是“有土斯有财”，现在不需要了，我现在就没土地，各位，现在你们家里有土地的请举手，可能没几个吧？没有土地怎么生活？我在中国移动上班啊，我在中国电力上班啊，我在中国平安上班啊，口袋里的钱可能更多，因为现在是工商业社会。而古代是农业社会，没有土地你怎么创造经济利益？汉朝建国的时候，大家分土地。可汉朝到亡国的时候，全国土地互相兼并，为三千多人所拥有。唐朝更惨，到亡国的时候，土地由八百人所拥有。全国土地由三千人所拥有，那么广大农民变成什么了？佃农。佃农怎么过日子？《史记》中有记载："岁丰则勉强度日"，大丰收就勉强度日，因为收获的粮食交了一大半给地主了，剩下的刚好可以果腹；"岁凶则举债为生"，岁凶了，粮食不够了，怎么办？连交给地主的粮食都不够，只好欠着，等明年大丰收，再补。可是今年还得过日子啊，就只好再向地主借一些粮。没想到，第二年又凶了，怎么办？去年的还没还，今年又凶了。只好把太太、把孩子当给地主，明年岁丰，再赎回来。没想到，又连着岁凶，不但人赎不回来，连日子也过不下去了，怎么办？农民受不了，那就只好起义了。所以农业经济下，一定要把农业搞好，才能使人民安定。

商鞅说："大王，我们的井田制度有问题。"

周的井田制度是中间为公田，旁边为私田，个人的土地数量固定。但因为过去人口没那么多，而现在要强国、要强兵，现有的土地经济发展是不够的，所以，第一，要开阡陌，鼓励农民开垦荒地，开垦了就属于他。也唯有这样——农田大量开垦，经济量增加，才有可能富国强兵。

第二，要兴水利。秦国地处陕西一带，本来水利就不够。水利不够，怎么开阡陌？所以商鞅就建议，开荒地、废井田、兴水利。

商鞅说："大王，如果不兴水利，经济就发展不起来。"

孝公说："哦，这是大工程啊。"

"是大工程啊，大王。所以我才问你有没有决心，任何改革都是大工程，要是做了两天就不做了，叫我来干什么？"

"好。"

"第三，改世袭制为军功制。我们的制度有问题，现有的世袭制，让那些贵族一代一代世袭官爵，他们既没有军功，对国家又没有贡献，却能世袭，让老百姓养，老百姓心里怎么会服气？从现在起，应该把贵族世袭制废了，改成军功制，对国家有多少军功、有多少贡献，就得到多少奖励，否则，就废掉。"

孝公点头："我正想废他们，这些贵族串联起来跟我抗衡，已经影响到我的统治了。我正想把他们废掉！这个好，还有呢？"

"第四，改郡县制。现在国家是由各地方的卿大夫在统治，地方在跟中央政权抗衡，大王你没有实权啊。要把卿大夫的统治权废除，改郡县制，把全国改为三十一个郡，地方官员全部由中央派遣，直属中央控制，这样才能调动起来。"

孝公点点头，说："我正想这样做，要不然那些卿大夫们都联合起来，我的公文发下去了，他们根本不理我。这个好，还有呢？"

"还有，大王，一个国家的度量衡不统一，这边用公斤，那边用市斤，那边用英镑，怎么管理？度量衡一定要全国统一。"

现在世界度量衡最统一的国家是美国，它连不同品牌的所有零件都是统一规定的。我们这里如果A品牌的电视机坏了，要换零件，就只能买A品牌的零件。但在美国不需要，他们所有的零件统统一样，你买什么牌子都可以放进去，就统一到这种程度。

"所以大王，要强大就一定要统一，这样在战场上兵器坏了零件还可以互相换呢。"

有些德国、日本的专家来考古的时候，发现中国挖出来的秦朝的兵器，包括弓箭、刀、匕首等，每一个兵器上都有编号，还有统一的合格证、公章。这些专家一看，我的天呀，ISO9000，中国早有了！统一的生产规格，统一的编号，统一的品质检验啊，做到这种程度，难怪六国打不过它。西方的考古学家一看那些兵器的规格，吓了一大跳，这么完整啊！难怪秦国强大。西方的管理学现在才讲品质、才讲统一，你去看看秦朝出土的东西，人家早就在做了，只是我们这些做子孙的不太孝，老祖宗的好东西没保留啊！

"还有，为了发展经济，一个家庭只要生两个儿子的，十六岁以后儿子就不能跟父兄再住在一起。"

"那要干什么?"

"让他分家，去开垦土地。只要不分家还在一起的，就课税。唯有这样，经济才能发展。"

"还有呢?"

"还有，国家要长治久安，社会要安定，犯罪率就要低，那就得采用连坐法，互相举报。工厂生产的产品，媒体要监督，有问题的，要举报；犯罪不举报的，要连坐。实行连坐制，要求户籍严谨，每五户编为一伍，每十户编为一石，只要有任何问题出来，没有举报的，就连坐；举报的则视同斩一敌首，算战功，给予奖励。唯有这样，人民才不会作奸犯科，社会才能长治久安，才能专心于发展。"

"很好啊。那怎么执行呢?"

"首先得解决抗拒的问题。过两天，大王，我上朝以后，看看老臣们有什么看法，我们随机应变地解决。"

果然没错，孝公任命商鞅为左庶长，也就是宰相，相当于现在的国务院总理，让他来推动改革，同时宣布改革内容，也就是刚刚提到的那几点内容。这些内容一宣布，抗拒之声马上出来了，公孙贾、公孙虔、甘龙等人，全都反对。为什么反对？这样一改革，他们这些贵族的利益怎么办？反对！这样，就辩论起来了。

反对派攻击他："大王，据我所知，依照古法不变的那些国家都没有大碍，为什么你要变呢？我们国家哪里不好？为什么要变呢？他来是破坏我们国家制度的，破坏我们社会安定的，破坏我们君臣团结的！"

此时商鞅必须要应付他们的疑惑："自古以来？难道尧舜、禹汤、周公，每一个朝的制度都一样吗？后朝的制度跟前朝的都一样吗？从来没有过。春秋五霸，难道五霸的制度一样吗？大王，只要有利于党、有利于国家、有利于人民的，统统都得做！没有不能做的！"

双方激烈地争辩起来了，最后孝公裁决：变法！

变法到了执行阶段，又会遇到新的问题。在中央，可以用命令让那些贵族卿大夫不得不听命于大王，可是老百姓呢，如果老百姓不肯支持，怎么办？

商鞅跟孝公讲，要人民支持，一定要做到"两个立"：一是立信，一是立威。立信，就是取信于民，要让老百姓支持，得先立信；立威，既然立了法了，如果不立威，立了法也是行不通的。怎样立信？商鞅说，我来做。

第二天，商鞅在南门立了一根柱子。"谁能把这根柱子搬到北门去，赏黄金十两。"老百姓围在那里，都在看，纷纷议论说："政府又在骗我们呢，抬一根柱子到北门，就给十两黄金？这可能吗？又在骗我们呢，我们被骗够了，这种谎言讲多了，没人相信。"商鞅一看，十两黄金没有人抬啊，就加到五十两，"谁把这个柱子抬到北门去，给黄金五十两"。还是没有人抬，大家都在看笑话："五十两，呵呵，骗得更离谱了，抬个柱子给五十两？你骗谁呀？"这时就有个人出来了，"哎呀，算了算了，你们不抬，我抬。从南门背到北门就算不给五十两，我运动运动，也没什么关系嘛”。

现代医学报告，人本来可以活一百五十岁的，为什么活不到呢？因为没劳动。劳动创造价值，不单是经济价值，也创造生命价值。各位啊，我们吃那么多东西，一天平均得走七公里路才能消化，你走不到七公里，吃的那些东西就会变成垃圾、变成毒素，身体怎么会好呢？脂肪肝啊、糖尿病啊、心血管病啊、痛风啊，全跑出来了。所以各位想长寿，要记得每天走七公里。办公室在二十五楼，跑上去；在五十楼，走上去；在一百楼，爬上去。没办法，你总得动啊。所以叫“活动活动，要活就得动”。

这个老百姓一看，“啊，我来。反正活动活动嘛”。一背，走了，走到北门，一放下来，商鞅就下令：“给五十两黄金，赏！”别人一看，政府是玩真的呀！哎呀，早知道，我们来抬，一个人抬不动，找五个人一起抬过去也好啊。于是人民就相信了，“信”就立了。

法要推行，信是有了，可威还不一定能出来。一些贵族反对新法，尤其是太子的师傅公子虔、公孙贾去鼓动太子抗拒。古时候很多人都这样，自己不敢动，让太子去，太子嘛，做错了也应该不会有事。于是就鼓动太子，这样一来太子就犯了法。太子抗拒新法，依法是要处分的，可太子不能动啊，因为他是储君，怎么办呢？于是商鞅宣布，太子违法是因为当老师的没有把他教育好，要处分老师，就把一个老师刺了脸，一个老师割了鼻。这样一处分，老百姓一看，政府是玩真的了，连太子的老师都处分了，那我们算什么，改革能不做吗？做。

可是推行的过程当中还是有些阻力，怎么办？历史上记载，有七百个老百姓违法，被拉到渭河边，全部斩首，整个渭河的水被染成赤红色。这样一来，所有的抗拒都没有了。商鞅再告诉大王，先立法，然后立德，让老百姓知道法，知道违法会有什么后果。等他们规矩了，再告诉他们为什么要这样做，再从道德教育上教育他们。所以法家不是不讲道德，而是先用法让你服了以后，再告诉你德行道德，让你去遵守。商鞅就是这样一步一步走下来的。

果然，十年后，秦国的国力完全不一样了，脱胎换骨。在战国七雄里面，秦国终于取代了战国初期最强大的魏国，成为第一强权。

秦国强大了，怎么办——开始扩张了。商鞅告诉孝公："我们最大的劲敌是魏国。它在黄河以东，进可攻，退可守，有它在，我们将永无安宁之日。"当时魏国在马陵道一战败给齐国，元帅庞涓和太子都战死了，商鞅说："这个时候是伐魏的最佳时期。"孝公说："有道理。"

于是由商鞅带着部队伐魏。魏国紧张了，派公子昂来应付，可打仗不一定要靠蛮力的，商鞅用了一计把魏公子昂骗过来，说："我们原来都是好朋友嘛，只是我今天当了秦国的将领，你当了魏国的将领，我们有什么好打的？老百姓是无辜的，不如我们好好坐下来谈谈，签个和约，然后你回家，我也回家，不就好了嘛。你也不想死，我也不想死，打仗可是会死人的啊。"魏公子昂信以为真，就赴约了。商鞅埋伏了刀斧手，趁他赴约的时候把他抓起来。将军都被抓了，那还打什么仗？所以魏国大败。大败后魏王割让了黄河以西的十几块土地和城池，跟秦国议和了。

魏惠王在这次战败、又割了土地以后，才很痛苦地讲了一句话："我恨啊！我真恨啊，当时为什么没有听魏痤的话呀！"什么话？就是留下商鞅为相，不留就杀了他的话，要不然今天哪有这个祸患啊！后悔也来不及了。

这就像美国的超级电脑怎么也不卖给中国人一样，他们认为中国买了会有军事用途，但是美国超级电脑总设计师陈世卿是台湾大学毕业的，不让卖，没关系，我们搞个留学生创业园区，回来创业，自己当老板。不卖我电脑没关系，我们的人回来，都是中国人啊，中华民族啊，台湾人也是中国人啊。就这样，陈世卿不但自己回国，还带了两百多个人回来。现在我们的超级电脑比美国更快，美国恨死了——早知道，卖给中国，他们就不去研发了。

伐魏成功，孝公很高兴，把商那个地方的十五座城池封给了商鞅，作为他的食邑。从此，公孙鞅变成了商鞅。商鞅的生活好了，很多人来恭喜他，“哎呀，恭喜啊，宰相啊，你现在是一人之下、万人之上了，又有这么大的封地，哎呀，真好啊”，一片歌功颂德之声。

但是商鞅有个好朋友叫赵良，只有赵良脸上没有笑容。

商鞅问他：“难道你不高兴？你的好朋友现在爬得这么高了，你不高兴?”

“唉！老朋友啊，朋友之间得讲真话，孔子讲过：‘益者三友，友直，友谅，友多闻。’友直，他的品行、为人、人格非常正直，你跟他在一起，物以类聚，人以群分，他正直，你也正直，他品德高尚，你也会变得品德高尚；友谅，能够体谅你，能够了解你，能够对你讲真话；友多闻，他博学多闻，可以帮助你成长。这种才是好朋友啊，那些奉承你的不是你的朋友。”

商鞅点头：“是啊，我也很高兴有个朋友讲真话，你有什么话要跟我说?”

赵良说：“老哥啊，你都爬得这么高了，你的危险到了。我真担心你活不久了！你的前途充满了危机，你自己却不知道。”

商鞅说："我的前途有什么危机？"

赵良说："我愿意当你的好朋友，才把实话告诉你，希望你不要介意。"

商鞅说："你说，我的前途到底充满了什么危机？你说我的下场会很悲惨，为什么？"

赵良到底是怎样谏言的？我们下一期继续。

谢谢！

下

电视机前的各位好朋友，大家好！我们继续探讨商鞅。

上一集我们讲到商鞅被封到商地以后，很多人来祝贺，唯有一个好朋友赵良没有向他祝贺。

商鞅说："难道对我的升官、对我的成就，你有意见？还是你嫉妒我？"

赵良说："哎呀！我们是好朋友，有什么好嫉妒的。你成功我很高兴，可问题是我担心啊。"

"你担心什么？"

"我担心你的以后啊。你要知道，现在大王是很欣赏你，可是你要想一想，大王可不是长命百岁的人，不是永远不会死的人，万一有一天他撒手西去了，到那时候你怎么办啊？你把全朝的人都得罪光了，人家都在伺机反扑，你却一无所知。”

商鞅点点头，说：“哦，我很高兴你跟我讲真话。不过我为相十年，路不拾遗，夜不闭户，乡无盗贼。乡里没有罪犯，人民勇于公战，怯于私斗，国家大治，老百姓安居乐业，他们为什么会恨我？不会吧？我做得这么好。”

很可惜，人往往在成功的时候会忘了当时的处境有什么危险，往往在最成功的时候就埋下失败的伏笔，自己却不知道。这是商鞅的一个缺点，也是造成他后来悲惨结局的原因之一。

赵良说：“你认为你跟穆公时候的五羊大夫比，怎么样？”

五羊大夫就是秦穆公的宰相百里奚，赵良的意思是说，相邦，你觉得你跟百里奚比，对秦国的贡献怎么样啊？

商鞅说：“其实我不认为我比他差，我为相十年的成果你是看到的。”

赵良说：“唉，你真是在成功的时候，不会去警惕很多问题。我告诉你，从出身就不一样。百里奚是因为穆公仰慕他的才华，从楚国把他迎回来的；而你不是啊，你是买通太监把你举荐上来的。太监的地位很低，是这样一个低贱的人为你引荐的，而百里奚可是穆公亲自把他迎回来的。”

百里奚原来是虞国的一个官员，后来虞国亡于晋，晋献公让他当晋国的官员，他拒绝了，他说：“我是虞国的官员，虞国亡于贵国，我却当你的官，我怎么对得起虞国的国君跟老百姓啊？”所以就拒绝了。晋国也知道百里奚是了不起的人物，“既然你不肯当官，那好，就陪我的女儿嫁到秦国去。”晋献公说，“搞不好还能保护我女儿，你点子多嘛。”所以晋献公就把他作为女儿的陪嫁一起送过去了。结果没想到晋国往南是楚，再绕过去是秦，经过楚国边界的时候，百里奚跑了，逃到楚国去了，被楚国的边防部队给抓了，以为他是晋国的间谍，就关到劳改营去了，每天放牛放羊。晋国的使节团到了秦以后，秦根据名册点名，发现百里奚这个人不见了，就问团长："这个人怎么样啊？""哎呀，是了不起的人啊，有才华、有德行啊。"

用人一定要用有才而且有德的人，百里奚就是德才兼备的一个人。可百里奚跑了，不知去向了。秦穆公听到这个话以后，说："哎呀，我要这个人，你们帮我查，看他到哪儿去了。"但查了好多年都没下落，过了几年，才听说原来百里奚被关在劳改营里面放牛。穆公一听："那好，我要这个人。来人，准备厚礼到楚国去，把百里奚赎回来。"他的大臣讲："呵呵，大王你要是准备厚礼去，百里奚就回不来了。"

为什么？楚国的国君庄王是非常爱才的人，我们注意看，所有强大国家的领导人都爱才，所有强大公司的董事长都爱才。曹操为什么能够平定群雄？爱才呀。他不爱才怎么可能平定群雄。汜水关一役，关云长表现得好，曹操当晚马上访问关云长，想笼络为已有，就是因为爱才。可是他来晚了一步，关云长已经名花有主了，已经和刘备、张飞桃园三结义了。曹操很后悔，太遗憾了！关云长讲："唉，你以为我行啊，你看看我三弟。"张飞站在那里，身高八尺，古代一尺是二十三厘米，一米九，跟山似的站在那里。曹操身长只有七尺，一米六而已。看到一米九的张飞，我的天！又黑又大块，怎么办？关云长说："我告诉你，我这三弟，百万大军中取对方领导的首级，犹如探囊取物啊。"曹操一听，吓死了，赶快把他的信息输进电脑，以后碰到他要注意一下。

到了长坂坡一战，二十万大军把赵子龙困在那里，赵子龙是左冲右冲，怀里面抱的是谁？阿斗啊。赵子龙两天一夜没有合眼，连厕所都没上。他没有机会下来，一下来就要被杀了，哪有机会。赵子龙在长坂坡奋战两天一夜，斩杀曹军大将五十七名，斩杀曹军将领一百二十六名，斩杀曹军士兵三千人。曹操就看着这个穿白袍的小将冲过来、冲过去，自己的人一下子倒了一个，又倒了一个，就慌了，问徐晃："那个穿白袍的人是谁？"

"宰相，那是常山赵子龙。"

"哪里跑出来的？我怎么没见过？"

"原来是公孙瓒的麾下，如今投靠刘备去了。"

曹操一听，"啊？投靠刘备去了？"左手握着右手的手腕叹气，"哎呀，哎呀，这刘备有了关云长，有了张飞，再来个赵子龙，哎呀，我将来怎么对抗啊。"

可是他看到赵子龙左冲右冲，冲不出去，就笑了："我有二十万大军围着，你是插翅也难飞，要能归顺于我多好啊。"曹操喜不喜欢赵子龙？喜欢呐，怎么看怎么喜欢呐。"哎呀，能归顺于我多好啊。传我的命令，不准放冷箭，活抓赵子龙，谁要伤了赵子龙，军法论处。"就是这个命令让赵子龙跑掉了，第一，不能拿箭射他；第二，要活捉；第三，跟赵子龙对面厮杀，被他砍了活该，砍了他军法论处，哪有这样的事啊，那不如让他走了算了，就这样，赵子龙跑掉了。所以说曹操爱才，自古成功的领导人没有不爱人才的。

穆公的大臣说："大王，你准备厚礼去楚国把人要回来，你这不就是告诉楚国百里奚是个人才嘛，根本要不回来。"

穆公一听："楚王有这么爱才？"

"哎呀，大王呀，你情报失灵啊。你不看电视的？不看新闻报道的啊？你看看楚王，每年向全国征召一次人才，廷试合格的，当天晚上就宴请。”

有一天楚王又招了一批人才，通过检验后，亲自宴请。宴请的时候，楚王搂着个很漂亮的爱妃，下面一个将领看到大王搂着这个爱妃，“哎呀，真漂亮啊，能摸一下多好啊”。

没想到心想事成，风一吹，蜡烛吹熄了，像停电一样。机会来了，那个将领就跑上去摸了一下，就听到那个妃子大叫一声，随手一抓，这个将领应该是武将，钢盔上有个帽缨，妃子一抓，就把帽缨抓下来了。来电了，灯亮了以后，那个妃子告状：“大王，刚刚有人利用停电，摸我了一下。大王你要严办这个人，太无理了！怎么可以这样子！我把他的帽缨抓下来了，大王你查一下，哪一个没有帽缨的，就是他！”

大王一听，看了看，说：“各位，寡人今天非常高兴，我楚国有这么多人才，我太高兴了。因为我高兴，所以我下令，哪一个今天没有喝得酩酊大醉，没有喝得帽缨被抓掉的，杀头！”

大家一听，拼命喝啊，你抓我，我抓你，帽缨全抓光了。

“爱妃啊，你说那个人的帽缨被你抓下来了，是哪个没有帽缨的？他们统统都没有帽缨，是哪一个呀？”

各位，楚王是保护他的爱妃还是保护他的人才？你们想想看吧。

后来楚晋大战，楚王率兵跟晋国打，眼看就要输了，突然一个年轻的将领冲到晋国的部队里面，把晋国的部队搞乱了，晋军阵势一乱，楚王反攻，打赢了。

楚王说：“哎呀，年轻人，你真好啊！今天要不是你，我就输了，你要什么，你讲，我给你重赏。”

将领说：“大王，不用了。我的命是你给我的呀，你是我的再生父母啊。”

楚王一听："你的命怎么是我给你的？"

"大王，你再想一想，几年前有一次你宴请人才的时候，突然停电，有人偷偷摸了你的爱妃，你记不记得？"

楚王，一个明君，这种小事情会去记吗？怎么可能呢，人家满脑子的国家大事，怎么会去记这种小事。但是既然被问了，就勉强说："哦，我好像有印象，好像有印象。"

"大王，摸你的爱妃可是要醢刑的，"所谓醢刑就是剁成肉酱，"我就是摸你爱妃的那个人呐，当时你不但没有处罚我，还告诉大家要喝得酩酊大醉，帽缨要拔光，是你救了我呀，你是我的再生父母啊，我这是报恩啊。"于是楚王很高兴。

"大王，这个楚王是如此爱惜人才，他就是因为不知道百里奚是人才，所以才让他在劳改营里面放牛。你准备厚礼去，不就是告诉他这个人是人才吗？那他还回得来啊？楚王不会用他呀？"

穆公一听："哎呀对呀，那我该怎么办？"

"大王，这个简单嘛。我们跟楚国不是签了一个犯人引渡条例嘛，凡是有重犯、要犯跑到对方国家去的，要引渡回来。大王，你就干脆准备五张羊皮，说他是我秦国要犯，死刑犯，把他赎回来，要在国内重罚，不就好了嘛。"

"对，有道理。"

可是又有一个问题，中国幅员这么大，古代的囚车犯人是怎么坐的？带着手镣脚铐。路又不是高速公路，地上没柏油，车子又没避震器，所以古代运犯人死亡率非常高，被绑在那里不能动，手麻，腿麻，脚也麻，光麻也麻死了，车子没避震器，震也震死了。几天不给你饭吃，狱卒虐待你，饿死；不给你水喝，渴死；不让你出来大小便，憋死。什么情况都可能死亡。

大王想，对啊，就向所有的狱卒下令："你们给我听好了，这个百里奚可是我的要人，为了瞒住楚王，用五张羊皮把他换回来，你们都给我听好啊，从楚国送回来，他只要瘦个一斤半两，身体发肤稍有损伤，我就把你们这些狱卒全杀了，砍了！"

这些狱卒慌了，运犯人从来没有这么严苛过的。到了楚国总算用五张羊皮把百里奚给换了出来，车子在楚国还是把他关在囚车里，一出楚境，狱卒就告诉百里奚："抱歉，你出来骑马，我到里面坐，免得你出问题我要被砍头。"就这样，一路"晃晃晃"晃到秦国去了。

穆公看到百里奚有点失望啊，六十七岁了，劳改营里营养又不良，又干粗活，满脸都是皱纹，头发全白，牙齿掉得没剩两颗，又没去补，讲话有点不清楚。秦王有点失望，不过后来一谈话才知道，哎呀！人才啊，果然是人才。

所以赵良告诉商鞅："你要清楚，人家百里奚可是被大王亲自接回来的，你是被太监举荐的，从背景上看，你就已经不如他了。"

百里奚当时的做法，"谨庠序之教"，全国推设学校，让老百姓学习，从孝道开始教育起，教育百姓要去孝顺父母、友爱兄弟姐妹，全国一片和谐。晋国三次内乱是在百里奚辅佐秦国的六七年当中平定的，楚国出了问题也是百里奚辅佐的秦国帮他平定的，连西戎这些蛮荒之地的所有诸侯也都来朝贺，这都是百里奚的贡献。

可是这么大贡献的百里奚，出门不坐车，走路；夏天不打伞，天再冷，不穿厚衣；吃饭简单，过着简朴的日子，出门连个卫兵都没有，走在路上，有人认出他，"哎哟，你是相邦啊"，也没有生命危险，因为大家尊敬他，他给老百姓带来安定的社会，带来富裕的生活，使秦国变强大，而且对人民从来不动刑罚，而是教育，最多不过关上个几天，教育他，让他改变不良的行为。

“可你老哥不一样啊，全国各地各乡镇你去走走看，缺耳朵的、缺鼻子的、脸上刺青的，一堆啊！光渭河一下子就砍了七百人，全国人不恨你才有鬼！

“犯了罪了，我就算改正了，鼻子还能长回来吗？长不回来。脸上刺的还能下去吗？下不去。割了耳朵还能恢复吗？不可能。砍了脚还能长出来吗？不可能。

“可是百里奚治理秦，相于秦，从来不干这种事情。你施的肉刑，太重了！

“你出门要十几部车子跟着，要几百个士兵拿着戟，围在周围保护你，缺一样你就不出门。而且生活极尽奢华，居然在商南面而王，自称寡人，这是你该称的呀？要是有人告你谋反，你就完了，我告诉你，国君称寡人，你也称寡人，寡人是你该称的吗？

“总之啊，老哥，我告诉你，我真为你担心啊。当时为了立威于老百姓，你居然把太子的老师公子虔、公孙贾割了鼻、刺了脸，又砍了脚，让公孙虔八年不敢出门，没鼻子怎么出门？他们都在找机会反击你。你要清楚，大王一旦逝世归天，太子继位，你敢保证他们不会反击？

“我劝你，第一件事，把封给你的商的这块土地退还给国君，生活俭朴。还有，你把钱洗到海外去，大家都知道，有的钱是洗到魏国去了，到那里的钱你要么拿回来给太子，要么干脆送给魏国的国君。不要忘了为自己留一条后路，万一将来走投无路了，魏国国君收了你的钱，至少还让你有个地方可以去。所以我的谏言就到这儿了，能不能听，那是你的事呀。”

商鞅听了没有？没有，他根本听不进去啊。很不幸，五个月之后，孝公死了，太子继位，是为秦惠王。太子继位以后，果不其然，公孙虔、公孙贾令人去密告商鞅谋反。这下麻烦了，商鞅自己也成被告了。商鞅知道形势危急，先跑到魏国，果然被赵良不幸言重，魏国人根本不收他：“你是从魏国出去的，居然反咬魏国。还坑了我们公子昂，逼我们割了十几座城池出来，你还有脸回来？”魏国人不收留他，商鞅没地方去了，又回到商。怎么办？干脆举兵阀政，看看能不能打出一条路出来。秦惠王举兵阀商鞅，商鞅兵败被杀，尸体还被车裂，最后，被灭族。

可怜啊，一代改革先驱为什么会有这样的下场？后世史学家的评语很多，大部分人认为是他的刻薄寡恩所造成的。

我们以现代管理学来看，很多企业的改革者们下场也不好。为什么？

第一，没有注意到“人和”。一个单位要改革，这个单位有问题需要处理，不管怎么改革，怎么处理，一定要注意人和，好的人际关系太重要了。我们这个社会也是一样，平常有关系，关键时刻就没关系；平常没关系呢，关键时刻肯定有关系。除了讲法以外，还缺一个，要讲什么？讲情。法讲了，情也讲了，合法合情才叫合理。即使你跟贵族之间有矛盾，很多时候都可以通过沟通来解决。可是商鞅不是，他完全依法来解决，人不是那么无情的，既然大王坚决要改革了，你可以好好跟反对派去谈，去建立关系，而不是很严厉地依法严处这批人，何况你把他的脸给刺了东西了，鼻子割掉了，腿砍了，你说人家恨不恨你？哪天我把你腿砍了，我再说“我们当好朋友”，你会答应吗？不可能啊。那我的腿怎么办？你还给我啊？当然要报复。

所以“人和”没有做好是商鞅最大的败笔之一。他这个结果跟汉初的韩信非常像。韩信和商鞅完全一样，只考虑到法，没有考虑到情。当时韩信告诉刘邦：“汉王，你现在被送到汉中来了，你到底想不想出汉中跟项羽争天下？”

刘邦说：“哎呀，我一生就是为了这样啊，我怎么可以老死在这里呢？”

“那很好啊，大王，一旦跟项羽争天下，那就不是靠游击战跟运动战可以打败他的。”势力不如人的时候，可以靠运动战、游击战来保存自己的实力，可一旦旗鼓相当，那就是大决战了。现代兵圣克劳塞维茨说过：“大决战的目的是彻底消灭敌人。”不是打败敌人哦，是彻底消灭敌人。可是别忘了，大兵团作战最重要的是军纪，韩信说：“我们汉军到现在连个纪律法规都没有啊。”

汉王点头了：“是啊，是啊，那这样就麻烦你了。”所以君臣两个就定了军纪十七条，开始雷厉风行地让大家背。

一个月后，开始实施军纪了。早上，所有司令官到大将军府韩信那里集合，开军事会议。擂鼓集合，擂了半天，都到了，就少一个人没来——吕后的弟弟吕偃没来。韩信说：“可能没听清楚擂鼓的声音，再擂。”咚咚咚咚再擂，连续擂三次鼓吕偃都没来，“那不管了，会议开始”。

清晨五点开会，到了九点多，吕后的宝贝弟弟才大摇大摆地摇到帅府来了。

卫兵说：“哎呀，吕司令官呐，现在几点了，你才来啊。”

“九点半。”

"会议几点开?"

"五点。"

"一共晚了四个多小时啊。"

"那又怎么样?他韩信要搞清楚啊，我的身份是谁啊，我是汉王的小舅子啊，别说晚四个小时，就是晚四年我也不在乎。"吕偃就晃进去了。

一晃进去，韩信就说:"吕偃，何以现在才来?"

吕偃很嚣张啊:"怎么?你不服气啊?老子爱什么时候来就什么时候来，不行啊?"

"军纪第一条，背。"

"军晨会不到，无故迟到、不到者，斩。"

"军法面前一律平等，来人，押下去，午时斩首!"

就把他押下去了，这下樊哙急了，樊哙的太太是吕后的妹妹，跟刘邦是连襟啊，所以吕偃也是他的小舅子啊，樊哙赶快找人回去报告刘邦。刘邦一听，吕偃被押、要斩，心想:哎呀，这个蠢材呀，算了算了算了，很多事都是被他搞坏的，可是不行啊，老婆把弟弟交给我，希望我带他，现在要砍头了，我怎么交代啊?于是赶快写了一封信，折好了，让萧何带去给韩信。

为什么让萧何带去?韩信是萧何提拔的呀，萧何是他的恩公啊。恩公去讲话，才有效嘛，而且萧何是智多星，点子多，知道怎么解决，出去的时候刘邦还高喊:"不要忘了，解决完了中午回来吃饭，我等你吃午饭啊。""好了，我知道了。"

萧何就冲到将军府去了，一到将军府门口，就直接往里冲，卫兵一看，急忙拦他:"哎呀，相邦，不能冲进去啊，不能冲进去。""我来不及了。”“不能冲进去……”可萧何还是冲进去了。

将军府里正在开军事会议，萧何冲进去赶快把信交给韩信，韩信一看，军法实施的第一天就要干涉，那不如不要法算了。汉王到底要不要出汉中跟项羽争天下？如果要，法就得执行！如果不执行，那我这个大将军就不干了，另外找人。“既然要我好好做，这个法是汉王亲自签发的，我要不执行就是不忠。而且汉王要出汉中，这个法就得执行，大兵团作战首重军纪，实施第一天就不做了，以后兵怎么会听我的？部队怎么带？来人，午时到了没有？”“到了。”“砍！”咔碴，把吕偃砍掉了。

人都斩了，萧何也没有办法了，一拿信，走了，要回去了。才走了两步，就听见韩信叫他：“相邦，等等。”

“怎么？还有事啊？”

“军纪十三条，背。”

“私闯帅府，斩！”

“啊？我也要斩？”

“闯帅府的是马，不是你。”萧何骑着马进来的嘛，“斩马！”就把马给斩了。

这下萧何可惨了，连马都没得骑了，只好慢慢走回家，走到吃晚饭时才到。

刘邦说：“我等你吃午饭，你怎么现在才来？”

“哎呀，没马。”

“怎么会没马呢？”

“被砍了。”

“怎么回事？”

“哎呀，是这样子的……”

刘邦一听："可恶啊，当大将军的第一天，我的手谕就不听了，那将来还不反啦！"

萧何一听，赶快作揖："恭喜汉王，您老要出汉中跟项羽争天下，一定是大兵团作战才能赢项羽，大兵团作战首重军纪，恭喜你获得这么好的将军人才，帮你执行军纪，这表示你能够跟项羽争天下，恭喜汉王，恭喜汉王！"

"哎呀，我知道啊。可是……"

"汉王，可是士可用，也可杀呀。"萧何说这样的话出来，他是高不高兴？

韩信在这个事件上依法到底有没有错？没错。可是他没有顾到情。我不知道各位如果以后到企业界碰到这种事情怎么办。这个员工该开除，董事长下条子，怎么办？这个员工该处分，总经理下条子，怎么办？依法是该处置啊，可是下条子了，你怎么办？法要顾，情也得顾啊。韩信要聪明的话，一看到条子，"哎呀，他怎么碰到军情了？难怪现在才来"。反正条子上的内容只有他自己看得到，别人哪里知道？其他将领又不知道。"我们里面谈。"门一关，谁晓得呀。"哎呀，相邦啊，这个法执行第一天他就违规了，这要不处分，要不执行，以后谁听啊？那么汉王怎么出汉中跟项羽争天下？相邦，你是我的恩公啊，我相信你一定有办法。"

"这样好了，韩将军，你就宣布，因为法令是第一天执行，可能大家不是很清楚。第一次执行嘛，死刑可免，活罪难饶。打他个一百军棍，降为二等兵，就好了嘛。汉王只要求把他的命留着就行了，对不对？"

"哎呀，感谢恩公啊，你可是我的恩公啊，一辈子都得靠你啊，感谢你啊！不过还有第二个问题。”

“什么问题?”

“还有军法第十三条，恩公啊，私闯帅府要斩首的呀，你怎么也不通告一声就闯进来了。”

“我急的嘛，我来不及了嘛，因为午时快到了，你午时要斩人，我哪来得及？就直接冲进来了。”

“那怎么办啊？这样好了，恩公，我就宣布，这个法还是要执行的啊。闯进来的是马，不是你。我把马给斩了，反正你那匹马是丰田牌的，我斩了后赔你匹宝马牌的，你回去就好了嘛。”

如果是这样，法也执行了，情也顾到了，那不是很好嘛，怎么会到后来连命都没了？商鞅的情况也是一样，法是一定得执行，可是情没有顾到，太子的师傅，还有一个太子的岳父，就这样把他们给处理掉了，太子将来能不报复?

第二，商鞅生活奢华，而且逾矩。他居然在封地上自称寡人，有没有问题？当然有问题啊。赵良没有讲错啊。你称寡人，被别人录音、录像了，回去报告，你不是就没命了？证据确凿啊。还有生活奢华的问题，你看五羊大夫，人家勤勤俭俭，你这么奢华。老百姓辛辛苦苦，你这么奢华，怎么不嫉妒你?

第三，谏言又听不进去。有个日本的管理学家、大企业家松下幸之助讲了一句话很有道理：一个成功的企业家、成功的领导人，身边最少要有两个能够跟你讲真话的人。为什么是两个？怕有一个被牵连到不敢讲的时候，还有一个可以讲真话。所以汉文帝有一句至理名言：“民意不能上达是进步的最大阻碍，实情不能掌握是错误决策的根源。”没有人跟你讲真话，你怎么掌握实情，你怎么做决策，怎么做判断？有本书写得很好，叫《误国论》，误国比卖国更可怕，你卖国我可以防你，因为我知道你在卖国；可误国我不知道。一个企业的垮台，是由错误的决策导致的。雷曼兄弟垮了，他们那个执行长官在国会还认为自己没错，后来议长火大了，问他："你拿了这么高的薪水，你就任的这几年内，做了一项项的决策，导致雷曼跨了，你还没错？决策是你们做的呀，你不能说执行有问题呀。"为什么会造成错误的决策？真正的实情、环境的变化，你没有掌握。

商鞅身为一个宰相，环境的变化居然疏忽掉了。人最担心的就是麻痹，生活太好了，在上位，高处不胜寒，不了解下面发生了什么事。所以我在公司常常跟总经理讲，有空到现场去走走。企业做大了，领导者坐在办公室，处长跟你报告，经理跟你报告，牵扯到他的问题的时候，他绝对不会说"哎呀，报告总经理，这件事是因为我处理不当造成的"，他绝对不会这样讲，而都是要往下推。所以我常常跟领导人、总经理讲，你有空没空到现场去绕一下，跟员工交谈交谈，聊聊天。

台湾有家大型企业的董事长，有一次我跟他说，你每次请吃饭，午餐汇报，都是请协理啊、处长啊、高级领导人啊，为什么不请那些老工友、小工人吃吃饭？第一，有很多老工友是从开始创业就跟你跟到现在，他们都在讲，"董事长把我们忘了"。以前公司小，天天可以碰面，现在公司大了，他也碰不到你，你也碰不到他，"董事长把我们忘了"。第二，公司里面所有乱七八糟的事，这些工友都知道。你为什么不请他们吃个饭、听一听呢？老板说，"对，对，对"。于是宣布了，下个星期四，所有工友在台北一家很豪华的五星级饭店吃饭，请工友。那些老工友眼泪都出来了，"老董事长没忘记我们啊，还记得我们啊"。吃饭的时候，老板说："你们有什么话，就直讲。从我创业，你们就跟着我了，我们情同兄弟嘛。有什么话直讲。”“有，报告董事长，那个球场修缮花了两万元，经理报三十二万。”怎么样，全抖出来了。那个董事长后来跟我说：“灿梁兄，还是你讲的对，你看看，修球场两万，给我填三十二万，那三十万去哪里了？其他钱到哪里去了？”

国家和企业是一样的，越大问题越多。商鞅可惜呀，坐在家里很多事他都不知道，赵良给他讲了他还没听懂。这一点是领导人应该注意的，应该实际去了解到底实情是什么，到底状况如何，一定要确实去了解。他没掌握这一点，所以人民在恨他他也不知道，讨厌他他也不知道，以为自己做的都是好的，下面讲的都是真话。所以松下幸之助说得好，至少要有两个能够跟你讲真话的人。

但话又说回来，为什么司马迁批判商鞅刻薄寡恩？因为他胸襟窄。别人敢不敢跟你讲真话，那得看你有没有包容力。讲真话脑袋要搬家，谁还敢讲？隋炀帝与唐太宗相比，隋炀帝继位时的背景是盛过唐太宗的。隋文帝死了，留下的一切，隋炀帝就算五十多年不干活，都够他用了。可唐太宗继位的时候呢？国家内忧外患，可是为什么他创造了贞观之治，隋炀帝却搞垮了？所有给隋炀帝谏言讲真话的，都到哪儿去了？砍光了。为了自保，谁都不敢讲真话。那怎么办？只好给皇上讲假话、讲谎话、讲瞎话、讲大话。一个组织，如果没有人跟你讲真话，尽讲假话、讲谎话、讲瞎话、讲大话，四个“话”，这个组织就完了。所以一个领导人要清楚部属跟你讲的话是真是假，如果没有能力去分辨，那是危险的。但是人们讲真话，你有没有包容力？因为老子讲“有容德乃大”，你有包容力了，你才有那个德行出来。孔子说“德不孤，必有邻”，你有德行了，才会有人团结在你周围，为你拼搏。所以“为政以德，譬如北辰，居其所而众星共之”，所以德的根本是包容力。

因此，我们得有这个观念。可是商鞅，可惜呀，听不进谏言，没有包容力。很多真正的实情，你如果不能掌握，那就危险了。所以后世史学对商鞅的批判很切贴，这么好的一个人，这么有能力的一个人，这么值得尊敬的一个人，就因为人格上的缺陷失败了。我们学历史的目的，不是应付考试，而要通过历史人物的起落，去理解该怎么解决很多问题。唐太宗说，人有三面镜子，以铜为镜，可以正衣冠——古代没有玻璃镜，只有个铜镜，衣服穿扭了，扣子扣扭了，铜镜用来正衣冠；以人为镜，可以明得失——看别人对我的反应，我就能明白我的为人处事，到底能不能被人家接受；以古为镜，可以知兴替——到历史上去了解一个组织起起落落的原因在哪里。所以我常常跟很多企业家讲，领导人要学会诊断。每踏出去一步，不要急着踏第二步，要回头看一看有没有问题，随时回头看看，稳了再踏第二步。经营企业得稳扎稳打，一步一步来。可是商鞅的每一步，没有谨慎地做到这一点，很可惜。

对这样一个伟大的变革者，我们花了三集做了一个简单的探讨，从历史中我们知道了一个组织发展到老化阶段一定要变革，变革碰到哪些问题你得去处理，处理的过程一定是几家欢乐几家愁。这个时候“人和”很重要，起码在变革过程当中，大家和谐地相处，取得共识，愿意一起变革，而不是强制地去做，强制是最后不得已才做的。

商鞅是一个悲剧性的伟大的强人，把这些角色在我们面前全部表演了一遍，他牺牲了自己的生命，让后人学习到很多宝贵的经验，是个了不起的人。

有一次我的一个学生跟我说：“老师，我出身寒微，我爸爸是个不顾家庭的工人，钱都没拿回来，在外面玩，赌啊、喝啊，全部用光了。我妈妈辛辛苦苦把我带大，每天帮人家洗衣服。老师啊，如果我有好的父亲、好的背景，我的成就肯定不止于此。”我说“那也未必”。

我问他：“你现在结婚了吧？”

“三十一岁了，结婚了。”

“有孩子了？”

“有了。”

“老师相信你是个好丈夫。”

“对，我很顾家。”

“你是个好爸爸。”

“没错，我很照顾孩子，因为从我父亲那里我知道一个不负责任的丈夫、一个不负责任的父亲，会让家里有多苦啊。”

我说：“那就对了，为什么你现在是个好爸爸、好儿子、好先生？你爸爸为了让你学会这一点，牺牲个人名节扮演了反派角色来教导你啊。你爸爸多伟大呀。”

各位啊，他爸爸要不是充当了反面角色，他会懂这个道理吗？他爸爸多伟大啊。商鞅就像这样，为了让我们理解这个道理，故意扮演了这样一个角色，我们都感激他呀。

对商鞅的介绍，我们这集就简单报告到这里，谢谢各位，非常感谢。

萧何

三人断尽楚关梁
一诎雄吞十七王
高帝功臣总功狗
汉家无爵赏萧张

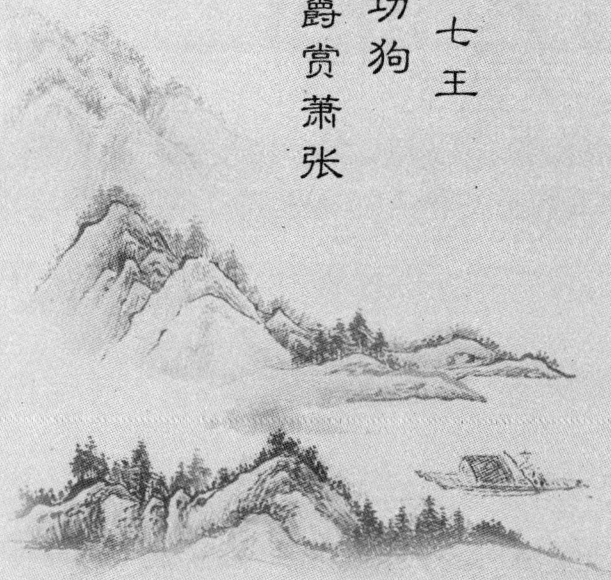

汉家无爵赏萧张

萧何

上

各位电视机面前的好朋友，大家好！现在我们继续谈历代宰相的系列，今天轮到萧何，汉代的萧何。

刘邦从沛县带着人到芒砀山起义，到后来成就大业，只花了七年的时间。为什么这么短就可以成就？当然是因为有很多人辅佐了他。刘邦在登基以后，有一次宴请群臣，他问大家："各位，我刘某人有今天，凭的是什么?"

大家都说："哎呀，皇上，因为您老洪福齐天，因为您老领导有方，您老了不起，你是天子。"一片歌功颂德之声。

刘邦一听，把酒杯往地上一扔，"你们除了阿谀奉承，就不能讲两句真话吗？我告诉你们，我刘某人有今天，不是我一个人有什么了不起的。轿子没有人抬能走吗？各位，朕之有今日，乃诸公之力耳”。

历史上是这样写的，他说：“我有今天都是靠你们啊，我哪有办法啊。”刘邦靠的是哪些人？刘邦说，“说运筹帷幄，我不如张良；决胜千里，我不如韩信；内政外交、法律制度的建立，我不如萧何；法律政治，我不如曹参；奇计退敌，我不如陈平；指挥作战，我不如周勃；为人刚正不阿，我不如王陵；屯田之功，我不如灌婴；英勇过人，我不如樊哙；单骑退敌，我不如英布；游击政策，我不如彭越；天文地理，我不如许负；文史政治，我不如叔孙通；驾御之功，我不如夏侯婴。没有这么多人，我哪有今天？”

在这么多人里面，当时在封赏的时候，首功封给了萧何。很多人奇怪，不应该是张良吗？没有错，原来的首功可能要封给张良，而且刘邦最早、原来最中意的宰相是哪一位？也是张良。大家联名推荐正好又都推张良，正合刘邦之意，刘邦很高兴啊，就请张良干宰相。可是张良拒绝了，连拒绝了三次，到第四次刘邦不得不拿着聘书亲自到张良家去，把聘书送给张良，告诉张良：“子房先生，我今天是第四次请你干宰相了，不能说我的诚意不够啊，你不要再推辞了。你要再推辞，我怎么报答你啊？你想，不是你的运筹帷幄，我哪有今天？你要不肯接受，我怎么报答你？”

张良一听：“唉！我本来以为我终我一生，跟的是一位明君。没想到啊，我花了一生精力，所追随的居然是个昏君！”

董事长请你干总经理，你骂他是昏君，有几个人可以接受？我们前几期讲商鞅的时候讲过，一个成功的人，他胸襟要大，有容德乃大。刘邦能够成功，就是因为他的胸襟够大。张良这一批，刘邦不但不生气，赶快立正站好，给张良作揖："先生既诟我为昏君，必有教我之处。请先生赐教。"你既然骂我是昏君，你一定有教我的地方，请你告诉我，我昏在哪里？我错在哪里？

张良说："皇上，你想一想，一个国家这么大，政府的组织结构这么庞大，职位这么多，任何一个职位只要出了问题，就可能把整个组织拖垮，导致亡国，何况是宰相这么重要的位置啊！一人之下，万万人之上的位置，皇上你居然不是去思考最适合的人选，而是把这个位置拿来当做酬佣，只因为我帮你建国有功，你就让我干宰相。这么重的位置你拿来当做酬佣，随便找个人当，那不是儿戏嘛，那不是昏君嘛。秦怎么灭亡的啊？"

皇上一听："哎呀，你不能这样讲啊，我有今天，是因为有你帮我运筹帷幄，你不能说你没有能力啊。"

"不，皇上。一个成功的领导人，一般的人格特质分两个体系——创业型跟守成型。我张良属于创业型的人格特质，所以在创业的过程当中，你让我做的事，我从来没有推辞过。可现在建国了，不是创业了。建国后最重要的是安定和建设，需要的是守成的人才。我张良很清楚我自己，我有自知之明，我不是守成型的人。所以建国后的建设、安定我没有能力帮你做。"

刘邦才听懂："是吗？"

"所以皇上你要清楚，能建国、能打仗的人不一定能治国。"

这就像选举一样。为什么民主国家选举出来的总统都一塌糊涂，因为会选举的一定会包装，会拉选票，会骗选民，跟选举后的治国啊、建设啊，是两回事。

刘邦点头了："那么按你这么说，谁可以当宰相啊？"

“皇上，有两个人非常适合。”

“一个就够了，两个会吵架啊。”

“皇上，幸好有两个啊。一个萧何，一个曹参。先萧何后曹参，我大汉千秋万世之业从此永固啊。”

张良的意思是说先用萧何，再用曹参，我大汉朝的江山基业从此就安定稳固了。汉朝后来有名的萧规曹随，就是这个意思。

就这样，刘邦才拜了萧何为相，封赏的时候以萧何为第一赏。可是很多武将不服啊，说你萧何不过是守在关中，我们却是出生入死。最不服气的是曹参，曹参说我身上光伤痕、疤痕，你看，七十处。你萧何连个疤痕都没有，怎么能得第一赏？

刘邦说：“你们看过打猎吗？”

“看过。”

“打猎的时候，猎狗去追猎物，是谁在后面指挥的啊？是猎人。我告诉你们，萧何就像猎人，告诉你们猎物在哪里，你们一群不过是去追猎物的猎狗而已啊。”

这时候鄂侯就站起来说话了：“是啊，皇上没讲错啊，曹将军是了不起，可战功是一时的，而萧先生不是啊，打从沛县开始，他就跟着皇上，从来没有背离过，不但这样，还把家族中能当兵的人统统送到营里来。你们是一个人参军，萧何是举族参军。何况没有后勤、没有粮食，你怎么打仗？”就好像当时始皇帝的将军李信，李信在灭了赵国以后去讨楚，失败了。按照秦的法律，全军都打光了，剩将领一个人回来，这个将领是要被拉到宗庙斩首的。李信打败仗以后没有跑掉，回来一个人受罚，把尚方宝剑、印信统统送上来，赵高把他接走，等着秦始皇发落。没想到秦始皇讲了一段话，在现代管理学来看，是一段完全正确的话，难怪始皇帝会统一中国，其他六国的领导人没这个能耐。

始皇帝这样说："李信，我告诉你，打胜仗不是你一个人的功劳，是全国人民上下团结一致的结果。第一，天下的父母不把子女送来当兵，你有兵可以指挥？靠你一个人打仗？第二，农民的努力耕作才保证你军粮无缺。没军粮，你能打仗？第三，工人的努力，你的刀啊、枪啊、一切的军械没有匮乏。没有武器你能打仗？你徒手打敌人？第四，我是一个国君，不授权你当大将军，你有机会去指挥、去打仗？第五，兵不听你的指挥，也不为你效命，你能打仗？还有，你去打仗了，朝中这些大臣们没有在你背后中伤你，让我信任你，你才能安心打仗。最后，是你指挥有方，战略部署正确，战术运用正确，你赢了。所以打胜仗不是你一个人的功劳啊。同样，这次伐楚失败了，也不完全是你的错。首先我就不应该只给你二十万大军。我是冒险让你去试，我开始就错了。算了，既然我也有错，就不能完全怪你，你回去吧。"

始皇帝没杀他。

从这件事看起来，始皇帝脑袋清不清楚？非常清楚。现代管理学讲团队运作，两个组织、两个企业竞争，没有团队运作怎么能赢？

所以鄂侯没讲错，曹将军是有功劳，可那只是他一个人而已。可是萧先生不一样啊。从头跟皇上跟到尾，举族参军，粮草、军械，一切后勤没有断过，还组建起一个安定的后方，让皇上、让将士可以安心地打仗。

现代管理学所讲的，管理最重要的一个流程，叫做整合。一个组织这么庞大，单位这么多，就像一个公司有人力资源部、生产部、管理部、品管部、财会部、业务部，这么多的部门，好的领导要把各部门整合起来，才能发挥团队的功效。比如开一条马路，从这里开到那里，不是开完了就算了。马路开出来，里面要埋电线、电话线、瓦斯管，铺水管、下水道，要把各部门规划好，整合好，该做的一次做完。而不是只管把路开好了，一月一号通车，好高兴哦。可二月一号又开始挖了，为什么挖？埋电线，好好的路又挖一条沟，再埋好。到三月一号好不容易挖好通车了，五月一号又挖了——埋水管。七月一号通车了，九月一号又挖了，为什么？下大雨，淹水了，原来下水道没改。好不容易十月一号通车了，十一月一号又挖了，为什么？瓦斯线没埋。这条马路永远在挖，为什么，就是没有整合的功能。

管理重在团队运作。鄂侯说了，“曹将军，整合的工作有多重要啊，如果整合没做好，各部门搞各部门的，什么问题都会出来。所以萧先生虽然身上没有重伤，也没有冲锋陷阵，可是这个功劳还是第一的。他做的是长时间的工作，你们只是完成一个短时间的任务而已，整个战略部署是靠萧先生，你们只是在战场上的战术运用而已”。

刘邦听了同意，于是就封赏了萧何。

萧何这个人了不起在哪里呢？最早的时候他在沛县当吏掾，一个小吏，以现在的官职来讲，就是县长办公室的一个文书，官位不是很大。所以后来有人评价萧何时说，就算千里马，也得碰到伯乐。萧何这么有能耐的人，如果不是碰到刘邦，在秦朝那个社会，一辈子恐怕也就是当个小吏，才华不可能有所发挥。

这就好像一个人的机遇一样，有一次汉武帝到长安的市政府去巡查的时候，看到一个很小的小官——最基层的抄东西的。那个人年纪很大，有五六十岁了。武帝看到他就问他了：“你姓什么啊？”

“我姓颜。”

“这么大年纪了？”

“对。”

“你公务员考试什么时候考过的?”

“我在文帝的时候就考过了。”

“是吗，文帝的时候就考过公务员了，怎么现在还在当个这么小的记账官员啊?”

“唉，启禀皇上，老臣运气不好，我是文武全才，可是我考上的时候只有十几岁。那时候文帝喜欢用老成的人，而我年纪太轻，所以只好在这里。到了景帝的时候，景帝喜欢用文笔很好的人，可是老臣喜欢耍枪弄剑，又不符合他的要求。没错，我是文武兼行，可是我更喜欢弄武，景帝不喜欢，我只好继续待在这里。现在皇上你继位了，你喜欢用年轻的人，可是我老了。三次机会我全丧失了，只能在这里继续做了。文帝要老成的人，我太年轻；景帝要文笔好的人，我喜欢弄武；到你武帝继位了，喜欢年轻的，我却老了。我能怪谁?”

武帝一听：“你运气真不好啊!”可没关系，今天特例，把他升上来了，马上升职做长安市市委书记。所以人是要有机遇的。

萧何也是一样，要不是碰到刘邦，这一辈子可能只能当个小吏。可他也了不起，他认识刘邦的时候是刘邦最落魄的时候。一个人交朋友，往往是看到这个人的地位高，就跟他往来；看他落魄了，就算了。但是萧何不是这样，刘邦虽然落魄，但他还是很喜欢这个人。刘邦这个人又不喜欢耕种，爸爸家里有一些田地，两个哥哥田种得很好，刘邦排行老三，所以叫刘季。爸爸常常骂刘邦：“你不种田，将来一无所有，你看哥哥做得多好啊。”刘邦却想，我为什么一定要种田呢?于是老是东混混，西晃晃，结交了一堆朋友。

有一天刘邦的朋友来找他，聊得非常投机，刘邦留他们吃饭：“既然来了嘛，都中午了，留下来吃饭。”正在说的时候，刘邦的嫂嫂在厨房拿着舀饭的勺敲着饭桶：“家里米也没了，饭也没了，菜也没了，吃什么饭？”故意喊很大声。刘邦不是耳聋啊，饭桶里面是空的还是实的，敲出来的声音不一样，那个桶里怎么听都有饭啊。但是他的嫂嫂故意喊“家里米也没了，饭也没了，菜也没了，还留人吃什么饭”，人家都这样喊了，刘邦的朋友还敢留下来吃饭吗？站起来，全走了。刘邦冲进厨房一掀开锅盖，饭满满的一锅啊，气死他了。所以刘邦后来当了皇帝，大封天下，刘邦的爸爸问刘邦：“刘季啊，你谁都封了，你哥哥的孩子为什么你不封？”刘邦说：“你去问大嫂，别问我。”所以各位，在座的各位，对小叔好一点，搞不好将来还有机会受封啊，不要太吝啬嘛，一顿饭而已，怎么可以这样对付他嘛。后来吕后的人格为什么被扭曲？吕后是大家闺秀，是全汉朝首富的千金，嫁给刘邦，嫂嫂虐待她，不去田里工作，你就没饭吃，工作做不完，你也没饭吃。所以吕后可怜啊，有钱人家的千金，从来没有做过什么家事，背着儿子牵着女儿到田里去工作。吕后那时候还很纯洁，胸襟还很大，但是后来就变了。

就在最累的时候，许负从那里经过：“哎呀，夫人啊，我走路走得好渴啊。能不能给我一点水喝？”

吕后那个时候还很善良，把唯一的水拿出来，“你先喝了，过路人你好辛苦啊”。

许负喝了，“谢谢你啊，这么好心的夫人，我没有什么可报答你的，就帮你看个相吧。夫人啊，你将来会母仪天下呀，你这个相必然母仪天下”。

吕后一听：“母仪天下？我现在饭都没得吃，将来还母仪天下？田还没种完呢。那这样，你看我这个儿子，我背在后面呢。”许负一看，

"哎哟，你这个儿子是帝王之相啊，难怪你会母仪天下，母以子贵啊"。

"你看我这女儿呢?"

"公主之相啊。"

吕后笑一笑："谢谢，谢谢。希望真能如此。"

许负就走了。走了没几步，刘邦就回来了。那时候刘邦是亭长，相当于现在的济南市公安局局长。刘邦放假回来看太太："夫人。"

"哎呀，老公啊，你看见那个人没有?刚才那个人路过跟我要水喝，喝完之后说没什么好报答的，给我看了个相，说我会母仪天下，说我的儿子会当皇帝，这个女儿是公主呢。"

"当真?你等一下。"刘邦跑过去喊，"等一下，等一下。"

许负回来一看："什么事啊?"

"哎呀，刚刚你看相，说会母仪天下的那个是我爱人，那个小孩是我儿子，那个女孩是我女儿，那你看我怎么样?"

这许负一看，"哎哟，我明白了，你儿子会当皇帝原来是接你的位置，女儿会当公主原来是受你的庇荫，夫人母仪天下原来是因为嫁给你"。说完就走了。

刘邦好得意啊："原来是我啊!"跑回家后他就在后门大笑，"原来我会当皇帝啊。"一笑，后院的墙倒了，被他笑倒了。孟姜女哭倒长城，刘邦笑倒围墙。当然这是传说了，有时候讲历史不要太严肃，讲正史也可以讲点野史啊，快乐一点。

当时刘邦这么落魄，钱从哪里来?萧何常常资助他，这一段时间跟他就结成了好朋友，有什么困难都帮他的忙。

有一天，刘邦被招到县衙去了。县太爷把所有的亭长全部找来了，问："你们哪一位带领五百个我们沛县的子弟到咸阳城去服劳役?谁去呀？哪个人去啊？”

每一个亭长都说：“应该让刘邦去。”为什么大家都让刘邦去？刘邦当亭长的时候，不管跟白道还是黑道，关系都非常好。我们说过，有关系才会没关系，刘邦是黑白两道通吃，黑白黑白，像斑马线一样，是安全的。刘邦调到A区当亭长，A区所有的混混、小流氓、小偷都说：“哎呀，大哥调这儿了，我们别给他添麻烦，我们到B区去吧。”就都到B区犯罪去了。刘邦调到B区，这些混混、流氓又说：“哎呀，大哥来了，我们不能在这儿，我们到C区去吧。”所以每一个区的亭长都恨刘邦恨得牙痒痒，“都是你的人跑到我这里来犯罪啊，既然你刘邦这么好，你考绩得甲等，你带啊，你去”。大家就推刘邦。刘邦一听，大家都推他，他又爱面子，不好意思拒绝，就说：“哎呀，谢谢各位，既然大家看好我刘某人，那我去吧，我去吧。”

这天要出发了，可是盘缠在哪里？五百个人呢。要带着这五百个人从江苏沛县走路走到陕西咸阳，还不能走高速公路，只能走山路，因为以前没有高速公路。更甚者，不能带任何东西，只能带些米，挖个洞做灶，弄个木头竹筒在里面烧饭，就这样吃了。

刘邦出发了，那这五百人只要有一个人失踪了、死掉了、出问题了，带头的刘邦就要被砍头。所以大家为什么不愿意带，推他去，就是要害刘邦。盘缠从哪里来？县府所给的钱连三天的粮食都不够买，萧何变卖了家产，拿了一笔钱给刘邦，“刘兄，这笔钱你带到路上，真的需要”。

刘邦说：“谢谢你萧兄，我在沛县这几年，不管是生活上、公事上，都亏你了。谢谢！”

刘邦出门的时候，萧何亲自送他出城门，就看着这五百个人，老婆送老公，父母送孩子，孩子送爸爸，刘邦当然也一样啊，父母来送他，妻子带着孩子来送他，刘邦看着真难过。就这样，每个人都哭哭啼啼地，走了。

那天晚上走到芒砀山，刘邦把钱拿出来，“去买东西。买酒。买好一点的，大家吃一顿”。

狱卒就说：“大哥，就这么一点钱，你全买光了，以后吃什么？”

刘邦说：“不管，买好一点的，吃。”

东西买来了，五百个老百姓吃得痛痛快快，但是钱也花光了。刘邦开始讲话了：“列位，钱也花光了，明天就没饭吃了，你们从沛县出来的时候，我亲眼看到你们的父母、妻子携老扶幼地送你们，哭的那个场面我都看到了。连我也一样，我的爱人、我的孩子也一样来送我，我一样心如刀割，你们的心情我可以想象啊。”

西方讲的管理，领导人需要具备同理心，站在部属的立场去了解部属的感受；同样，部属站在上级的立场，站在公司的立场去了解公司为什么有这样的决策。相互站在对方的立场上去了解对方，这就叫同理心，这是领导人必须具备的条件，刘邦具备了。

刘邦说：“我看到你们这样子，我很清楚，我也痛苦，我心里在哭啊。不如这样，算了，你们回去吧。狱卒们，拆了，拆了，把绳子拆了。你们回去吧。”

“那你怎么办，亭长？”

“我去自首啊，你们跑光了，我就要被杀头啊。”

“那不行，我们走了你被杀头，怎么行？”

“那怎么办，无路可走了，怎么办？这样吧，我起个头，上山，打游击，起义。”

就这样刘邦带着五百个人上芒砀山起义去了。这五百个人没有人愿意走，全部跟他起义去了。据说刘邦走在后面，他那几个弟兄走在前面，走着走着，碰到一条大蛇，那条蟒蛇有多大？历史上记载，“左不见其首，右不见其尾”。有多粗？粗如车轮。那几个弟兄一看，愣住了，话都讲不出来，退回去找刘邦：“大、大、大……大哥、大哥。”

“什么事？”

“你去看看。”

“什么事啊？”

“蛇呀，蛇！”

刘邦说：“蛇？看到蛇怕成这样子？你们算不算男人啊？”

“很大条啊。”

“大条？有我这么大？”刘邦是地头蛇啊，“有我这么大吗，啊？”

“大哥，你去看就知道了。”

刘邦过去一看，我的天啊，你才是大哥呀，可是我能走吗？我要是走了，我的面子往哪放？刘邦只好把剑拔出来，把它斩成两段，从尸体中间走过去。刘邦为什么这么勇敢？历史上记载，因为那天晚上他喝醉了，糊里糊涂地就过去了。

所以有时候去危险的地方，喝酒壮壮胆，就过去了。

弟兄们跟着他走，一个老婆婆在后面哭，有人就问她：“你哭什么呀？”

“我儿子被人给杀了。”老婆婆说。

“你的儿子为什么会被杀？”

“我的儿子是白帝子，变成蛇横在路上，结果被赤帝子杀了。”

这就是刘邦斩白蛇起义的故事。后来刘邦带着弟兄回来拿沛县，谁做内应？就是萧何。

刘邦起义能成功，是因为有萧何出钱、出人力、做内应，帮他制定一切规则，萧何从一开始就跟在刘邦身边，所以鄂侯讲，你们的功劳跟他比，差远了。

不仅如此，在整个楚汉争霸的过程当中，萧何对刘邦有多少贡献，我们往后一路看就晓得了。

当时楚怀王告诉项羽跟刘邦，你们两个人谁先打到关中就为王。最后谁先到？刘邦先到。一到关中，一进秦皇宫，刘邦就醉了，就好像《红楼梦》里写的刘姥姥逛大观园。哇！真漂亮啊，这个就是皇宫啊！看到皇宫就算了，又看到皇宫的内院，美女多不多？多啊。刘邦本来就有点好色的，一看到这些美女，眼睛都眯了，就醉了，抱完这个抱那个。樊哙一看："大哥，你不能这样子。大哥！"

刘邦说："我玩几天再出去有什么关系。"

"大哥！"

樊哙的太太是吕后的妹妹，樊哙跟刘邦是连襟，叫刘邦大哥，可刘邦并不怕他呀，没办法，樊哙只好跑去找萧何。

萧何一样进秦皇宫，他做了什么？他把秦所有的全国地图、各地方的县志、风土民情的记录、全国人口分布资料、各种法律文件，尤其是商鞅制定的法令，全部带走。

萧何跟刘邦讲："沛公，你到底要不要王天下？"

"要。"

"要王天下不能急在一时，"有时候人需要利诱："沛公，等你王天下了，天下都是你的，你何必急在一时？"

刘邦一想，也对，眼光放远一点，"好，好，我听你的"。就出去了。

出去以后，项羽接着到了。刘邦到关中时，萧何给他出了个点子，什么点子？任何一个起义的部队每进一个城，最重要的就是安民心。我们革命会成功是因为得到人民的支持，民心安定。萧何很清楚这一点，所以一定要刘邦颁布律令，先安民心。到了咸阳以后，刘邦的部队对百姓秋毫未犯，还跟老百姓“约法三章”，这三章就出自萧何之手。

“杀人者死，伤人及盗抵罪”，就这么简单。咸阳大治，马上就安定了。而且刘邦对秦王的后裔子婴也非常宽待，不杀他们，还安抚他们。

这是刘邦成功的地方。后世的李自成为什么失败？李自成进北京城的时候，他的谋臣叫牛金星，给李自成这么建议：“大王，现在要进京城了，你千万要记得：第一，北方要置重兵以防吴三桂背叛；第二，老百姓要安顿好，不能有秋毫的伤害，人民不支持你，你就做不下去；第三，要保护好吴三桂的家眷，尤其是陈圆圆。”

李自成听进去了吗？北方不但没有设重兵防吴三桂，还纳了陈圆圆当妾，甚至同意他的部队进北京城后天天过年。什么叫天天过年？要知道，拿着武器的有纪律的，叫做军人；拿着武器没有纪律的叫做什么？土匪啊。北京城乱了，老百姓恨啊。安禄山失败也是因为他的部队进洛阳的时候几乎是杀光了、烧光了、抢光了，老百姓当然恨啊。

可是刘邦进咸阳后与老百姓秋毫未犯，约法三章，老百姓多么希望刘邦留下来当领导、当领袖啊。为什么有这么好的效果？都是萧何出的点子。

萧何很清楚怎样才能安定民心，那也好在刘邦能够纳谏，刘邦如果听不进去呢？像李自成这样，牛金星给他谏言了，他没听进去啊。可刘邦听进去了，马上出了阿房宫，没有碰任何的金银财宝，没有碰任何的女人，出来约法三章，让整个咸阳城、整个关中安定下来，而且礼遇秦的后世——三世孺子婴。刘邦成功了。

可是项羽一进关中，就不一样了。第一，军纪不好，人民恨死了！第二，一把火烧了秦宫，是秦的全部宫殿，很多人误会了，以为只烧了阿房宫，不，是烧了秦的全部宫殿，所以才烧了三个月啊。这一把火，让项羽犯了一个严重的错误，始皇帝焚书坑儒，可是始皇帝焚的书是民间的书，书有两个版本，一个民间的版本，烧了；另外一个版本呢，放在官府，中央图书馆。民间的烧了，可是一定还有一部保留在官方。

其实始皇帝是非常喜欢看书的，他不会把书全烧光，他只烧民间的书。“你们不要看了，我看。”始皇帝一生有两大爱好：一个读书，一个练剑。始皇帝爱读书，不但爱读书，而且有一目十行、过目不忘的本领。

我们举个例子，在始皇帝回宫的路上，李斯上《谏逐客令》，他把《谏逐客令》用竹简刻了五十部，找了四十九个人在那里跪着，连他一共五十个，等始皇帝过来。始皇帝的车队来的时候，这五十个人就大声念《谏逐客令》，可车队前面有旗牌官，大声喊“回避、肃静。回避、肃静”。看到李斯要念文章，就让他“闪开”。李斯根本不理他们，还是大声念。

旗牌官跑过来：“启禀大王，前面有人拦路念书。”

始皇帝因为喜欢读书，听到有人读书，就停下来听，一面听一面点头：“写得好啊，写得好啊。我差点犯了错，差点犯了逐客的错啊。”

听完了，让人把拦路念书的人找来，李斯就站到了门口。

始皇帝问：“你叫什么名字？”

“李斯。”

“哪的人?”

“楚人。”

“现居何职?”

“咸阳县令主簿。”相当于秘书。

“这个文章是你写的?”

“正是。”

“你写得很好，写得非常好。只可惜你读的时候跟我有一段距离，可能有几个字我没有听清楚。这样，我把你念的文章复诵一次，哪里有漏的，你告诉我。”始皇帝就把刚刚听到的《谏逐客令》一字不漏地复诵了一次。

李斯站在那里，汗就滴下去。“好可怕，我自己写的文章都得用念的，背不下来，人家听了一次就背下来了。”

当天晚上，始皇帝在寝宫接见李斯。李斯是第一次进始皇帝的寝宫，一进他的寝宫，除了一张床，一个几，墙上挂一把剑以外，没有别的装饰品，全部是书啊!

现在的书是一本一本在书架上，过去是竹简，一卷一卷地从地上堆到屋顶。始皇帝说，“你看这些书，我统统念过了。你随便抽一卷，我都可以背给你听”。

所以始皇帝虽然一把火烧了民间的书，可官府的书没烧啊。项羽这一把火，完了，连官府的书也没了。所以史学上这样批：始皇帝一把火，民间无藏书；项羽一把火，连官府都无藏书。导致汉朝本来设六经博士的——《诗》《书》《礼》《乐》《易》《春秋》，这一烧，《乐》没了，所以才只设了五经博士，要不然是设六经博士啊，很可惜，都被项羽一把火烧光了。

所以关中人并不喜欢项羽，可是项羽的武力太强大了，刘邦不是他的对手。但是项羽的亚父兼军师范增很清楚，将来项羽最大的对手将是刘邦，非把他铲除不可。所以才设了鸿门宴，可是鸿门宴没有杀成刘邦，因为张良出点子保护了他，没有杀成。

范增又给项羽出了个点子，把刘邦封到遥远的汉中当王去。

范增说："大王，明天你就宣刘邦来，封他到汉中去。他如果欣然答应，就是心怀二心，准备谋反，把他当场拉出去砍了；如果他不去，那就是抗命，更有理由也拉出去砍了。也就是说，大王你听好，我在旁边给你打暗号，不管他去不去，都砍!"

项羽说："我知道了，知道了。"两个人已经套好招了，剧本也写好了，就这样演出。范增等着。

刘邦接到通知，第二天要进宫封他到汉中去了。萧何看到诏书，看了半天，"不对"。打电话给张良，"张兄，你过来一下"。

萧何跟张良协商："看来我们沛公明天进宫里去，封汉王，恐怕凶多吉少啊。鸿门宴才刚逃过一劫，这又是一劫，张兄你看怎么办?"

要不是萧何找张良商量，刘邦第二天就被砍掉了，哪还能当皇帝啊。

萧何功劳大不大？当然大。当助理、当秘书、当人家的副手，就是要有这样的预见能力，什么事都替主子先想到了。萧何就做到了。

最后萧何和张良定了一个对策，跟汉王说："沛公，明早进宫去，项羽如果说封你到汉中去，你千万不要答'我去'，那样脑袋瓜会丢。你怎么说他们都会杀你，说去，有二心，要杀；说不去，抗命，也杀。"

刘邦说："那我怎么办？我说去也杀，说不去也杀，那我怎么办?"

"哎呀，沛公你别急，我们的剧本也写好了，你照演就对了。明早他要封你到汉中去，你就这样，大王，你不是有时候很会流眼泪演戏吗？你就掉眼泪出来，万一掉不出来，你就先用个眼药水点了，一定要掉出来。你跟项羽是结拜兄弟，你是哥哥，他是弟弟，你就这样讲：‘于私，大王，我是兄，你是我弟弟；于公，你是我的大王，我是你的臣子啊。我多么希望留在你身边侍候你。但据君臣之意，你的任何命令我都不能不遵守。所以大王不管你要我做什么，君臣立场上，为了尽忠，我都不能不听；兄弟立场上，为了尽义，我也不能不遵守。’你就这样回答。”

第二天果然没错，项羽这样问他了：“刘邦，我封你到汉中去当汉王，如何?”

刘邦刚刚点完眼药水，眼泪出来了：“大王，于私，我们是兄弟；于公，你是我的大王，我是你的臣子啊，我多么希望留在你身边为你效命、陪伴着你、为你车前马后啊。但是你要我出去，大王，不管你要我做什么，为了尽忠职守，我都赴汤蹈火，在所不辞，我都去。”按照萧何跟张良写的剧本，刘邦复述了一遍。

这一复述，范增愣住了，糟糕！项羽反过来看看范增：“亚父，他没有按剧本演出啊，回答的话不一样啊。”项羽不晓得怎么处理了，“好好好，对对对，我们是兄弟一场、君臣一场，难得你对我这么忠，又这么义，好，那就这样，就这样”。

刘邦没事了。

私下里，范增跟项羽说：“哎呀，你怎么这么笨啊，你不会全面变通啊。”

项羽说：“跟剧本不一样，让我怎么变通啊?”

这说明项羽的应变力如何？不行啊。领导人的应变力要很强啊，因为一个组织的发展过程当中，什么时候发生危机，没有人会知道的。谁预见到这次的美国金融危机了？现在就发生了，整个领导层措手不及，美国的金融问题一路暴露出来。欧洲也没准备，没想到这么惨。

问题出来了，该怎么应付？作为一个领导人，对危机的应变能力本来就该有。

项羽人很直，一切直来直往，就被刘邦逃过去了。

所以如果不是萧何和张良研究出这个点子来，刘邦不就被砍了嘛，所以刘邦说他功劳第一。

就这样，刘邦去了汉中。刘邦去汉中，是萧何陪他去的，张良没有跟去，而是留在中原给他寻找人才。

刘邦到了汉中以后，每天巡视部属，就看到樊哙跟兵士摔跤，周勃跟兵士摔跤。刘邦一边看，一边摇头，没有人知道刘邦心里在想什么，可萧何一看他的动作，就明白了。一个当宰相的，一个当领导的，反射能力非常重要，所谓反射能力，就是去了解、去真正知道别人心里在想什么，他真正的动机在哪里。

作为主管，要善于听懂部属的报告，有时候很多话他们不会直接讲，可是主管一听就知道部属在讲什么。同样，作为部属，老板要提拔你绝对不会说我要提拔你，我派你去哪里。今天调你到苏州，明天调你到杭州，后天调你到漳州，反正是调。聪明的人就知道，老板可能要提拔自己了。反射能力就是要去了解对方的动机在哪里。

秦始皇的长子扶苏如果能够了解，始皇帝把他调到长城陪着蒙恬、蒙毅守长城是在培养他的话，秦就不会亡。可是扶苏没有反射能力。翻开历史来看，第一代很强势的，第二代都很温和，说得好听一些叫仁孝。刘邦很强势，太子刘盈很仁孝；朱元璋很强势，惠帝朱允炆很仁孝；皇太极很强势，顺治很仁孝。

秦始皇很强势，他统一了六国，可是扶苏仁孝，所以始皇帝很担心，这个个性怎么压得住六国啊？所以故意说他有罪，把他发配到边疆去，和蒙将军在一起，其实是为了让他学习那种攻击性的行为，否则怎么能统治这个乱世啊？可是扶苏不了解，“爸爸不疼我呀”。

始皇帝死后，赵高、李斯篡改遗嘱，并且将扶苏赐死，当时没有人知道始皇帝死了，等诏书到了边疆以后，扶苏听完这个诏书，马上站起来，拔佩剑，“君要臣死，不死不忠；父要子死，不死不孝”。剑一拔，正要自刎，蒙恬上前一步，替他挡住了，说：“等一下，太子，我从小跟皇帝一起长大，我了解他的个性。这个诏书一定有假。虎毒不食子，这不可能是皇上的诏书，我现在立刻带兵三十万回咸阳城探个究竟。如果是城中有变，我杀尽叛徒；如果城中没变，是皇上真要你死，我陪你死。为什么？你被送到边疆的时候，罪还不及死，现在居然罪及死，说明我没有把你教好，我当然也有罪。你暂时不要死，让我带兵三十万立刻回咸阳。”

扶苏一听，“将军，那你赶快去点兵”。

好了，将军一出城点兵，扶苏站起来，又讲一次：“君要臣死，不死不忠；父要子死，不死不孝。”自杀了，好笨啊。

如果你们是扶苏怎么办？聪明一点，随蒙恬回去查个究竟，别糊里糊涂没命了。就是因为扶苏这一死，秦朝断送了。如果扶苏不死，而是随着蒙恬、蒙毅带三十万大军回咸阳杀掉赵高、李斯，他可以继帝位，秦朝也不会亡。秦朝的暴君不是始皇帝，是他儿子胡亥，那个笨蛋。扶苏是仁孝啊，六国都服他呀，如果秦朝稳住了，稳到现在，我们还在秦朝呢。

刘邦看到大家练武，心情不好。武将在教新兵练武，沛公怎么反而心情不好？大家都不知道他在想什么，只有萧何，晚上陪刘邦喝茶，喝老人茶、功夫茶。

“汉王，我知道你心情不好。”

“你知道我心情不好，哪不好？”

“唉！出汉中跟项羽争天下，一定要懂得战略部署，懂得战术运用，运筹帷幄。可是这些将领只会冲锋陷阵，根本不懂战略部署，没有一个是大将军之才啊。汉王，我看你心在痛吧。”

刘邦一听：“唉！知我者萧何也。你真明白我，我心真痛啊。你看我绕了一圈，一个个将领只会摔跤，只会打斗，不懂得兵法，不懂得部署，我怎么出汉中啊？我怎么大兵团作战啊？我心痛啊！”

“唉，大王，看来选大将军找人才的事已经不能再拖了。”

“是啊，再拖我就老死在汉中了。”

就在这个时候，项羽帐中有一个了不起的人，叫韩信。可韩信个子很矮，虽然叫做“壮士、壮士”，可是他个子很矮，古代一尺是二十三厘米，他恐怕不到一米四；还背了一把剑，四尺八，太长了，拖不动，剑尾装个轮子，拖着走；一打架，剑拔不出来，手太短。所以才受尽胯下之辱啊，走投无路了。历史上写韩信最落魄的时候，“乞食于漂母”，漂母就是在河边洗衣服的老婆婆。韩信已经饿到忍无可忍了，拖着剑走到河边，本来要去喝水充饥的，一看有个老婆婆在吃饭团，永和豆浆店买的，他一看，有饭团啊，水也不喝了，走过来。

“老婆婆，你好心，让我咬一口啊。”

“小子，给你咬一口就死了。”

“我不是咬你呀，咬饭团啊。”

“你不讲清楚，你几岁了？”

“我二十几岁了。”

“怎么那么瘦小？”

“我没发育啊，没饭吃我怎么发育？我只喝水怎么发育啊？”

于是老婆婆给了他饭团，救了他一命。

后来投奔项羽去了，项羽嫌他个子矮，就让他当了个卫兵。因为他个子矮，连合适的钢盔都找不到，把头发绑起来就直接站在帐外。项羽身高一丈，比他高了将近一米，每次进军帐，就摸着他的头：“唉呀，这么矮能做什么？”出去的时候也是：“唉！这么矮能做什么？”最后摸得韩信秃头。

可韩信为什么跟着项羽？韩信很会看相啊，他看项羽的相，前途无量，所以跟着他，还给他进很多谏言，可是项羽听不进去。一直到鸿门宴，他看到刘邦，一看，啊？帝位是刘邦的，原来天下归沛公啊。于是，跑了。

项羽的军师范增早在韩信跑掉之前，就曾经看到过他。范增到帐中找项羽，看到韩信，哎哟，大将军之才，就问他：“你叫什么名字？”

“报告亚父，我叫韩信。”因为项羽称范增为亚父，所以三军都叫他亚父。

“你将来前途未可限量，好自为之。”进去了。

范增见到项羽，说：“大王，你不是要找一个大将军之才吗？”

“唉，我找不到嘛。我要拼改革、拼经济，什么都要拼，军事也要授权，可是找不到大将军之才嘛。”

范增一听：“我们军中就有，你为什么不用？”

“哪一个？”

“就那一个。”范增指着韩信。

项羽一看：“是他?！哎呀。”

项羽听完了到底有什么反应？有没有用他？我们留到续集再讲。

谢谢，谢谢。

下

各位好朋友，大家好！我们继续萧何的探讨。

上一集我们讲到韩信。

范增到帐里去告诉项羽：“你不是要找个大将军之才吗?”

“哎呀，找不到啊，人才哪那么好找啊。”

“大王，我们军中就有，你为什么不用?”

“军中有？哪一位?”

“这个执旗的不就是了嘛。”

霸王一听：“呵呵，亚父，你一向为人严谨，从不乱开玩笑，怎么今天开起玩笑来了？我不相信啊，一条小鱼能够翻大浪。这么一丁点的个子，连个剑都背不动，还得装轮子，受尽了胯下之辱，他要是当了我的三军统帅，那我的楚军岂不是要改名叫‘胯军’了吗？带着我的部队打仗，连剑都拔不出来，骑在马背上指挥我的三军，我的部队找了半天，只找到马头，找不到人头，还能打仗？哎呀，亚父，你玩笑开得太大了。一条小鱼怎么能翻大浪？平常你挺严肃的，怎么开起玩笑来了?”

范增一听，说："大王，我很严肃地跟你谈这个问题，哪里是跟你开玩笑?"范增前后四次举荐韩信，项羽连听都不听。

鸿门宴发生了，韩信第一次看到刘邦，"我没想到啊，原来天下归沛公啊"。刘邦跟张良步入，碰到韩信，刘邦看看张良，张良看看刘邦，刘邦心想："怎么这种人才在当卫兵呢？看来项羽真的不会用人啊。"两个人互相点点头，进去了。

当天晚上，韩信跑了。

第二天一早，范增进帐要找项羽，要跟项羽研究一下，鸿门宴之后怎么处置刘邦。来了一看，卫兵换人了，换了一个一米八五的，范增一看，那小子不见了，赶忙跑进去问项羽："那个矮子呢?"

"跑了，昨晚就不见了，跑了。"

范增一听，心想：完了，完了，这家伙从不离岗，昨天鸿门宴见了刘邦就跑了。完了，肯定奔刘营去了。范增还是厉害啊，"大王，我四次向你举荐韩信你都不用，现在让他跑了，万一奔刘营去，大王，将来亡楚者，韩信也"。将来把楚灭掉的就是韩信啊，范增马上冲出去："来人，给我追回来，格杀!"

追回来没有？没有。韩信已经跑到刘邦那儿去了。

韩信到刘邦那儿去以后，勉强当了个守粮官，认识了萧何。萧何一看到韩信，"人才啊！这是人才啊"。当晚特别请韩信到咖啡馆喝喝咖啡、聊聊天。这一聊，韩信聊了他的看法、作战方针、战略部署，怎么培训将领，怎么训练部队，怎么作战。萧何更佩服了，难得的奇才啊，这是个武林奇葩，这样的人怎么可以只当一个小小的守粮官?

这一天萧何故意说："汉王，部队作战首重什么?"

刘邦讲："粮食。没粮食怎么打。"

“所以我建议，汉王，你应该到粮仓去看看，到底粮食够不够我们继续应付跟项羽争霸。”

刘邦讲：“行啊。”

就这样，刘邦去看粮了。其实萧何的目的是干什么？让刘邦去多认识韩信。

到了粮仓，韩信看刘邦来了，跪下来拜汉王：“拜见汉王。”

刘邦一看：“你是韩信？”

“是，大王。”

“粮仓是你管的？”

“对。”

“你来了多久了？”

“我来了一个星期了。”

“我们粮仓有多少粮？”

“六千四百石，一石一包，六千四百包。”

“你开仓验过没有？”

“我没验过。”

“没验过，你怎么知道是六千四百包？”

“大王，这个仓是满的，仓的长度、高度、宽度一乘，包数不就出来了嘛，再除以每包一石，有多少石不就出来了嘛，这个我不用算也知道。”

刘邦一听：“怎么可能？”刘邦数学没那么好，他没念过多少书啊。

“大王，军中无戏言。”

“我当然知道军中无戏言，开仓验！”

“大王，要有差，我甘愿受军法处置。”

“好！好个韩信。验！”

从上午八点验到下午三点，验完了，六千四百包，一包不多，一包不少。

“哎呀。”刘邦说，“神啊，神啊。”这个不懂数学的人感觉很神啊：“你怎么知道就是六千四百包？”

“大王，这很简单嘛，长乘以宽再乘以高就出来了。”

“你怎么知道公式？”

“我在初中教过数学嘛，我山大数学系毕业的嘛。”

“难怪。”

这时候萧何赶快敲边鼓了：“汉王，人才呀！人才呀，你不能不重用啊。”

“韩信，好好做，将来你有前途。”刘邦走了，还是没用他。

刘邦的部队都来自华东一代、江苏一代、沛县一代，士兵们都想家呀，逃兵一堆，都跑回去了，所以刘邦下令，再有逃者，斩！聚众酗酒者，斩！

韩信老是不被重用，心情不好，这一天他就约了一些兵喝酒。士兵说：“我们好想家呀！”韩信说：“我也很想家呀，我淮阴人啊。我也想家呀。”大家都想家，那怎么办？韩信想了想，既然不被重用，留在这儿也没什么意思，给他们管粮仓，每年给他们算几包粮食，有什么用啊？公式我都背烂了，算了，不如走吧。

后勤司令吕偃，是吕后的弟弟，很忌才。韩信管粮食，又是他的部属，吕偃也知道韩信是人才，所以一直担心，总是想：“万一这个韩信取代了我，那我怎么办？得想办法把这个人铲掉，不能让他待在这儿”。所以吕偃每天都要注意韩信的一举一动，找机会把他干掉。这天刚好看到韩信在那里聚众酗酒，在那里“不如归去”，正好，聚众酗酒，煽动逃兵。什么罪？斩。吕偃跑进来了：“全给我抓起来。聚众酗酒，鼓动逃兵，带走。”

吕偃也很有意思，在斩的时候想要把韩信吓死。我们没有看过斩首，哪一天你看一个人被斩首，脑袋掉下去，血喷出来，你看了有什么感觉？会被吓坏的。他以为韩信胆子小，故意要把韩信吓死，就按照高矮顺序斩下来。先排好，向右看齐，从高到矮，高的先斩，一路往下斩。还好，韩信个子最矮，要不然就先被斩了。就快斩到韩信的时候，萧何跑来了，抱着韩信：“要斩韩信，先斩我萧何！”谁敢啊？这时候韩信又大叫：“汉王要王天下，何故屈斩壮士？”刚好夏侯婴又经过，一听，再一看韩信，“小子有种啊”，就跟萧何联合把韩信保下来了。

韩信没死，吕偃当然不高兴，就报告到刘邦那儿去了，刘邦一听：“那算了，不要让他管粮仓了，改调武警总部，当个班长吧。”就把韩信调走了。

当天晚上萧何又去找韩信聊，两个人喝闷酒，喝倒了。

“唉，相国，我知道你照顾我，我知道你为了汉王的江山在到处帮他找人才，你是忠于汉王，忠心耿耿。人才为中兴之本啊，你到处帮他找人才，而我韩信也自认为是军事人才，可是我怀才不遇，项羽那里不用我，我跑来这里，这里还是没用我。我看还是算了，我还是回家吧，趁年轻回家，结婚娶妻生子算了。真不行，去拍电影也可以。”

萧何讲了：“不，你一定要留下来，我已经跟汉王推荐过四次了。”

“四次？范增也给项羽推荐了四次，我还不是跑来了？你也推荐了四次，看来我还是要跑掉。”

“哎呀，你别这么讲，我一定会想办法把你弄出来的。”

萧何为了留住人才，帮刘邦做了多少事情。

这一天，萧何又去看韩信了。他常常看韩信，为了防韩信跑啊。一进韩信的房里，床上没人。墙上留了一句诗，“不如归去”。完了，跑了，肯定跑了，这回真跑了。萧何问韩信的兵：“你们班长什么时候离开的?”“下午两点多走的。”

哎呀，已经四点多了，过去两个多小时了，追啊。萧何冲出来，刚好夏侯婴骑马过来，萧何一把把夏侯婴拉下来，翻上他的马去追。古代一出城，马路只有一条。现在一出济南城有几条路？能追哪一条？所以以前好追，现在不可能了。萧何沿着路一直追，追了两天两夜，追的鞋子都掉了，还在追。

天意啊，深秋，河水应该会落下去，可是偏偏下雨涨水，韩信的马过不了河。天气又寒，他只好下马，拿剑砍了一些木头烧火取暖。无聊，把笛子拿出来吹。

这个笛子怎么来的？当时张良到中原给刘邦找人才，他告诉刘邦，我推荐的人，文，一定拜相，武，一定拜将，其他人我不推荐。张良给刘邦推荐过两个人，一个韩信，一个陈平。

那个笛子就是张良碰到韩信的时候，给韩信当信物的。张良还把手帕拿出来，跟农夫借了个笔，在手帕上写了推荐函，交给韩信，“你把这个推荐函连同我的笛子当信物拿给汉王。这个笛子是当年汉王送给我的，上面刻着汉王跟我的名字，作为信物”。韩信因为心情不好，在军营里面常常有事没事就唱一首歌——《心事谁人知》。

萧何骑着马，远远地就听到有人在吹笛子，吹《心事谁人知》。萧何一听，这不是韩信的歌吗？主题曲啊，就是韩信的主题曲啊，萧何就远远地跟过去了。果然，韩信在那边一面取暖一边吹，断断续续地吹，萧何冲下来抱着韩信，“壮士，跟我回去，跟我回去”。

“不，我不回去，我不回去。没有用啊，你已经五次举荐了，如何？我一样流浪在人间啊。”

“不，这次跟我回去。嗯？你怎么有这把笛子？好像在哪里见过。”

“这是张良先生给我的。”

“是吗？”萧何借着火光一看，果然有子房先生的字，是子房先生的，“你怎么会有这笛子？”他以为韩信杀了张子房。

“我离开楚营，怕楚军要杀我，就躲到农舍里，碰到子房先生。子房先生问我：‘你去哪儿呀？’我说我没有目标。子房先生告诉我，良禽择木而栖，贤臣择良主而侍。让我不妨找汉王去，帮我写了推荐信。”

“信还在吗？”

“还在。”韩信把手帕拿出来。

萧何把手帕打开，映的火光还不够亮，又拿打火机，“啪”，果然没错呀，是张良的字迹呀，推荐函。“哎呀，你为什么不把信拿给汉王看？当时他离开时跟汉王讲，我推荐的人，文拜相，武拜将，既然有张良先生的推荐函，为什么不拿出来？”

“唉，相国，我是年轻人，我是这样想的，年轻人的前途得靠自己的实力去打拼，不能靠关系，要不然很丢脸的。”

萧何一听，唉！少不更事啊。“你空有实力有什么用啊？没有人拉你一把，你空有实力有什么用啊？你小孩子不懂事啊。既然有这封信，有信物，走，跟我回去。我保证你成功！”

就这样，萧何把韩信揪回去了。

刘邦在吃晚饭的时候，吕偃跑进来：“姐夫，不好了！姐夫，不好了。”

“什么事情?”

“萧何跑了！萧何跑了!”

“啊? 萧何跑了?!”

“跑了。我早跟你讲过，萧何这个人不能用。要用我，我可以当相国，你不找我，去找萧何，你看，他跑了，肯定奔着项羽去了，跟那个间谍韩信一起跑了。你看!”

刘邦一听，“你懂什么啊，蠢材”。

“哎呀，姐夫……”

“我讲过多少次了，外人面前不能喊我姐夫，要喊我汉王。蠢材!”

“是，姐夫。”

“还喊。”

刘邦冲到城楼上去，披了件外套，远远望着外面。天亮了，五六点了。

“姐夫，你别等了，受了风寒麻烦啊，你是汉王啊，姐夫，他们跑了。”

“你懂什么啊，蠢材。”

“姐夫……”

“我讲了多少次，不能喊姐夫。”

“是，姐夫。”

“蠢材。”

好像有两匹马跑回来了，刘邦年纪大了，看不清楚。“望远镜借我一下。”果然是萧何带着韩信回来了。

刘邦一夜没睡，站在城楼上等。萧何直接把韩信迎到刘邦的寝宫去了，韩信跪在那里：“汉王，臣有罪。”

刘邦看看他："哼，你跑了。你有什么罪？"

"我当逃兵。"

刘邦笑一笑："你当逃兵？你不逃你就不叫韩信了。相邦如果不去追你他就不叫萧何了，我等你一个晚上没睡啊，你终于回来了。"

萧何说："汉王，你看这个东西。"

汉王一看，是张良的介绍信。"哎呀，韩信啊，韩壮士啊，你有这个信为什么不早拿出来啊？"

"禀汉王，我以为年轻人得靠自己的实力拼搏，不能靠关系。"

"哦，笨蛋。年轻人有实力没有关系，能上去吗？没有人拉你一把，能上去吗？没有人欣赏你，怎么上去啊？"还有笛子，刘邦一看，果然没错，"是我给子房先生的"。

"韩先生，韩壮士，你先出去一下，我跟相邦谈点事。"

韩信出去了，刘邦跟相国讲："萧何，我告诉你，其实我知道他是人才，我为什么不用他，我有我的苦恼。第一，他是楚营跑过来的，我哪里能了解他是不是间谍。第二，他没有战功啊。你看看周勃、彭越、灌婴、夏侯婴、樊哙，这一帮人都是从芒砀山跟我一起起义的，哪一个身上没受过伤？哪一个没战功？而韩信寥无战功，我怎么重用他？不是我不能用他，众将会不服啊，众将不服，会叛的呀！"

萧何点头："汉王，我知道这是很困难的，我明白这个道理，现在既然有这封信，我就好讲话了。子房先生他们都服，这就没有问题了。可是大王，拜大将军是天大的事啊，你得盖个将军台，慎重地拜将。"

"我明白。那就这样。"

按照汉朝的规定，谁要被封为大将军，谁就盖拜将台。刘邦说了，让樊哙去盖台子吧，封韩信的事暂时别讲出去，免得军心不稳。

这个樊哙本来就想当大将军，一听让他来盖拜将台，高不高兴？高兴啊，终于等到了，好高兴啊。每个人都喊："樊兄啊，樊将军啊，终于等到了。怎么样？请客吧。你不能不请啊。"

樊哙就说："行、行，民族大饭店，五桌，定金都付好了。"

大家都以为是樊将军，樊哙也以为是他自己，等这个拜将台盖好了，那一天要拜将了，司仪宣布："韩信上台。"

韩信上台？还没等韩信上台，就有人第一个冲上去。谁呀？吕后的弟弟吕偃，"姐夫，不可以。姐夫，不能这样做啊。姐夫，你不能这样做，他是外人啊"。

"好了，拉下去，蠢材。"把吕偃拉下去了。

第二个冲上来的是谁？樊哙。因为樊哙本来以为是自己，还很高兴。"换你了，恭喜啊。""没问题，我那个饭店定好了。没事，没事。"这一宣布韩信上台，"我有没有听错？""错了？没错啊，是韩信啊。"樊哙受不了了，冲上去，"汉王、汉王，你不能这样子啊，汉王，台是我盖的啊"。

刘邦说："把樊将军扶下去休息。"

不是拉下去，是扶下去，对吕偃是拉下去，对樊哙是扶下去休息。一个人要被尊重就得有实力，樊哙毕竟是有实力、能打仗的人，刘邦尊敬他，用扶的。

就这样拜了韩信为大将军。

为什么加个"拜"字，按照汉朝礼仪，聘书卷好，皇上跪单足，把聘书捧上去，对方跪双足接聘。韩信毕竟不是权宦之家出来的，这个礼仪不太懂，皇上跪的时候，他忘了跪，直接就接了。糟糕了，就是因为没有回跪，折寿十年。这是野史写的。

诸葛亮五十四岁在五丈原病逝之前，怎么算八字、怎么占卦，都说明明可以活六十四岁，为什么五十四岁就死了？刘备三顾茅庐请他出山，他说“亮乃一介布衣，恐怕无能为力”，刘备一听，跪下去了：“先生不肯出山，天下苍生如何？”这一跪，诸葛亮把他扶起来，没有回跪，折寿十年。

所以各位，以后我们在上班的地方，人家欺负你、得罪你，有什么好生气的？跪他嘛，折他个十年寿不就好了嘛。多跪他几次，让他早点走。好了，这是野史，不过有时候可以参考一下。正史太严肃了，人生要有点色彩，不能老看黑白的。

拜了韩信为大将军后，第二天上朝，惨啦！

一个企业用人最担心什么情况？空降部队。在台湾，很多企业的执行总经理、副总经理，都是空降的。一空降，下面就会抵制。下面人等半天，以为自己可以上来，结果你空降一个过来。

这种情况同样发生了，韩信突然当上大将军，第二天上朝只来了三个人：刘邦一个，萧何一个，韩信一个，总共三个。满朝文武没有来半个，哪里去了？抵制，不来了。尤其是樊哙，当天晚上一个一个打电话。

“明天不准上朝。你上朝给我小心，我告诉你！”

“明天不准上朝，听到没有？上朝立刻小心点，我告诉你哦。”

他是头啊，发火了，一个一个打电话，第二天没有人敢来上朝。

如果你是董事长，因为新任命了一个执行副总，大家都不来上班了，怎么办？刘邦就慌了，问萧何：“怎么办啊？全不来了怎么打仗啊？也不能靠我们三个跟项羽打啊！”

萧何说：“汉王，你知道什么叫走动式管理吗？21世纪管理学最先进的管理方法——走动式管理。我们时空穿梭一下，我先告诉你，两千多年后他们再学。”

要知道什么是走动式管理，举个例子就知道了。

董事长打电话来了：“王经理。”

“我是，我是。”

“有三件事情交代：一是这样，二是这样，三是这样。听懂了没有?”

“听懂了。”

“复述一次。”

“一是这样，二是这样，三是这样。”

“星期五我要结果，听到没有?”

“听到了。”挂了。

很多老板是这样的。

走动式管理不是这样，我来找你，故意到现场来。看看这个王经理的东西，拍拍王经理。

“总经理。”

“你跟我出来，出来。”把王经理带出去了。

“王经理，我有点事情可能要麻烦你一下，有三件事。但是星期五就要做完，很急。我希望你能帮我处理好，我想了很久，整个办公室里面恐怕只有你可以帮我做好。”

“总经理，你说。”

“一是这样，二是这样，三是这样，听懂了吗?”

“听懂了。”

“星期五前能不能做好?”

“应该没有问题。”

“拜托了，拜托了。”

这就叫走动式管理，学会了没有？我不是直接命令你，我要到你办公室去，我到现场去，主控权在我。

所以萧何就跟刘邦讲：“既然他们都不来了，你不能在这儿等啊。”

“那我该怎么办？”

“走动式管理，有一句话你应该记得，射人先射马，擒贼先擒王。发动不来上班的主谋肯定是樊哙，大王，你该到樊哙家里去拜访他。”

“那我去该怎么做？”

“我剧本写好了，你就照这样演。你千万背熟，稿子不能拿出来看，记住没有？拿出来看就穿帮了。”

“好，我明白。”

这一天，汉王亲自到樊哙家来，按了电铃，家丁打开门。

“汉王？对不起，樊将军病了，他不会客。”樊哙以生病的理由不上朝，刘邦来看他，他也不出来。

汉王说：“怎么？连我都不见啊？我是他姐夫啊。”进来了，“我是大哥啊”。家丁跑去告诉樊哙，“将军、将军，汉王来了，汉王来了”。

樊哙这时心情不好，躺在床上生闷气，一听大哥来了，赶快一躺，被子一盖，冰枕放额头上，马上就发烧了。

刘邦进来了，往床边一坐，把那冰枕拿起来扔了，被子也给他掀起来，“好了好了，我的好弟弟，我知道你不高兴”。把他扶起来。

樊哙头一偏：“哼!”

“哎呀，我的好弟弟，我知道你不高兴。”

“我当然不高兴，你大将军给谁做了，啊？”

“给了韩信啊。”

“你给了外人!”

“哎呀，我的好弟弟，我知道你不高兴。你看，你全身都是疤伤啊，我不是不明白啊。从芒砀山起义开始，你冲锋陷阵，功劳最大，一身是伤，荣冠三军，我知道的。鸿门宴你还救了我，你像我再生父母一样啊，我的好弟弟。”

“那又怎么样？帮你冲锋陷阵救了你又怎么样？你大将军还不是给外人当了嘛!”

“哎呀，我的好弟弟。”

“我告诉你，就算我不能当，周勃也可以，灌婴也可以，彭越也可以，为什么你给外人?”

“我知道你不高兴，我的好弟弟。没错，你讲的对，周勃、灌婴、彭越，可是他们懂兵法吗？你懂兵法吗?”

“不懂。”

“你们懂运筹帷幄吗?”

“不懂。”

“你懂大军团作战战略部署吗？大兵团指挥你懂吗?”

“不懂。”

“是啊，你们都不懂，他懂啊。我们大兵团出汉中跟项羽争天下不是光靠冲锋陷阵啊，那得大兵团指挥、得运筹帷幄呀，你知道吗？你不懂，他懂。我跟他谈了三天三夜，人家真的是懂啊。我的好弟弟啊!”

樊哙一听：“懂又怎么样？大哥，他是外人。”

“哎呀，我的好弟弟，你怎么老想不开啊？我当然知道他是外人，可我们请个外人帮我们打了江山，这打下的江山不还是我们兄弟两个人的吗？”

樊哙一听这，才恍然大悟笑了出来：“对对对，找个外人打了江山，那江山不还是我们兄弟的嘛。对对对，大哥我听懂了，我听懂了。”

“我真高兴你终于听懂了，我比你更清楚韩信是外人，可我们请个外人帮我们打江山，打下的江山不还是我们兄弟的嘛，我真高兴你听懂了。”

樊哙笑了：“那我明白了。”

“明白就好，我的好弟弟，我就怕你搞不清楚啊。我们兄弟好久没走走了，走走，我们出去走走。”两个人散步去了。

当晚樊哙一个一个打电话。

“明天上朝，不然小心啊。”

“明天上朝，不来小心啊。”

第二天上朝，全部到齐。

萧何的剧本有没有用？他教给刘邦的台词有没有用？有用啊，刘邦也乖啊，他背得熟，还很会演。所以，要是没有萧何不就完了嘛。

后来刘邦出汉中跟项羽争天下，在荥阳城一战中，刘邦损失很大。萧何保证军粮没断，一直运过来。可是人一旦爬上高位以后，都会有疑心，刘邦心想：“我在外面出生入死，萧何在汉中万一给我称王怎么办？万一他自己称王怎么办？那我不完啦！”这跟当年王翦伐楚如出一辙啊。

王翦率秦举国之力，六十万大兵伐楚，临走之前始皇帝问他：“将军此去伐楚，把六十万军带走了，有什么要求？”

王翦说：“大王，我带兵去打仗，打仗像玩股票一样，没有十足的把握，也可能败光，可能跌光，可能破产。我七十岁了，按我的年纪，应该在家里含饴弄孙过着快乐的日子，可是我去打仗，万一打死了，我家里的生活怎么办啊？大王，能不能给我一块良田、一栋房子？银行一定要有存款，不要多，两千万人民币。美金不要，会贬值。”

始皇帝一听，“行，照给！你去吧”。王翦走了。

王翦走了，始皇帝还不放心，还把女儿送到营里嫁给王翦，你看十六岁的姑娘嫁给七十岁的老头，为什么这样做？六十万大军是举国之兵，王翦带到楚国去，如果在楚国自立为王呢？你秦始皇手上没兵了，你凭什么跟他打？你不是拱手让他？始皇帝不放心啊，所以把女儿也嫁了给他。

王翦到了楚国之后按兵不动，告诉政委：“你回去跟大王说，他答应给我的房子、土地、现款，我还没看到。没看到之前，我按兵不动。”

政委从楚国赶到咸阳：“大王，王将军按兵不动啊。”

“干什么？”

“他说他要的房子、土地、存款，你没给他，他没看到，他不动兵。”

“他要看什么？”

“房子要看产权证啊，土地看所有权证，银行看存款啊。你卡也没给他，他连刷都不能刷，他不打呀。”

“这老家伙，你告诉他，我会给他！”

政委又回到楚国：“大王说会给你，你安心打仗。”

“不，那是口头答应，没有看到以前，我不打。你回去跟大王讲，没有送过来之前，我绝对不打。”

“哎呀，你太贪了。”政委又回咸阳了。

这样来回两年，过去没飞机啊，也没办法。

果然始皇帝说：“好吧，马上办给他。”产权证、所有权证、银行存款的存折全部给他送过去。

王翦看到以后，准备动兵跟楚国打了。

这政委问他了："王老将军，你太贪啦！大王举国六十万的大军交给你，你还要土地，还要房子，还要存款，你太过分了。"

"你错了，你太年轻，不懂事。就是因为我带着秦举国之兵出来，大王肯定对我不放心，担心我拿下楚国后自立为楚王，回头打秦国，朝中有些大臣一定会在我后面中伤我。我要土地、要房子、要存款，无非是向大王表明，我志不在楚，我一定会回来养老，让大王放心，你懂吗你？大将在外，君王一旦起疑心，仗怎么打？燕国的事你还记得吗？派骑劫取代乐毅，乐毅跑啦！"

"懂了。"

果然没错，王翦料事如神。六十万大军一走，朝中大臣们就跟始皇帝讲："大王，你把举国六十万大军交给王翦，万一拿下楚国他自立为王，那大王，我们不就完了嘛！"

始皇帝说："哼，这老将军跟我要房子、要良田、要存款，这就摆明他会回来养老，他不会在楚自立为王，你们放心好了。"

你看，王翦所预料的事发生没有？发生了，就怕这个样子。

今天汉王跟项羽打仗打得这么艰苦，你萧何要在汉中自立为王怎么办？所以刘邦老是派人回去慰问萧何。

萧何不懂，还好有个谋臣跟他讲了："相国，你脑袋要清醒啊。"

"什么事？"

"哎呀，相国，大王在外面打仗出生入死，他就担心你在汉中自立为王。他怎么放心？万一他疑心再重一点，那不是惹来杀身之祸？"

"那我该怎么办？"

“相国，唯今之计，你把族中能够当兵的子弟全部召集起来，和粮食武器一起送到荥阳城给汉王，让汉王放心。”

“好，就这么做。”

萧何果然召集族里面能够当兵的统统当兵，带着粮食、武器全部运到前线去了。刘邦好高兴啊，这个萧何对我这么忠心耿耿，子弟几十个人全部送来了。这表面上是当兵，实际上是放在刘邦的身边当人质，我连孩子都送过来了，你还有什么不放心的？

刘邦放心了，萧何不会有二心。

这是第一次。

第二次，统一了以后，汉高祖十一年，陈豨反了，刘邦亲自去讨伐。传来的情报是刘邦打输了，而且韩信要当内应，自立为王，不幸这个消息走漏了，韩信的一个部属偷偷跑去报告：“萧何，韩信要当内应，自立为王。”

萧何一听，那还得了啊！赶快找吕后，研究怎么办，吕后也慌了，“相国，你看怎么办？你一向点子多啊”。

“我有办法，我有办法。就说汉王在陈豨那儿打仗，请韩信入宫开紧急会议。打赢了就庆祝，打输了就开会。”

韩信不疑有他，一进宫就被抓了。

这一被抓，韩信讲了一句话：“汉王曾经对天宣誓过，有天地在，不杀我韩信。”吕后一听，“有天地在，不杀你韩信？很容易。来人，把韩信带到柴房里去”。

到了柴房，用网把韩信缠上，倒过来，头在下脚在上：“这下天地俱不在，可杀你韩信了吧？”

韩信一听，又说：“汉王讲过，刘家的刀不杀我韩信。”

吕后一听，“那还不容易，用斧头”。

斧头不是刀吧，就用斧头柄宽的一部分，像打高尔夫一样，由下往上一敲，敲死了。韩信解决了，摆平了。

刘邦打完仗，平了陈豨之乱回国后，听说韩信死了。

“谁除掉的？”

“萧何，用计除掉的。”

所以韩信临终的时候讲了两句很有名的话，一句是：“我成也萧何，败也萧何。成我者萧何，杀我者萧何啊。”

另一句是：“我恨啊！我恨不听蒯通之言啊。”

蒯通是韩信的谋臣，当时劝韩信反。韩信没有听他的话，韩信说：“我不能反，今天我要叛了汉王，就是不忠不义啊。想当年我最落魄的时候，汉王拜我为大将军，对我言听计从，以其衣衣我，以其车载我，以其食食我。我要背叛汉王，就是不忠不义啊。”

这样看起来，刘邦的领导成不成功？成功，他让韩信不敢反。

所以韩信讲，“我恨啊！恨没听蒯通之言啊”。说完这两句话，死了。

刘邦回来了，问萧何：“韩信死的时候有没有说什么话呀？”

“有，皇上，他说了一句话。”

“什么话？”

“恨不听蒯通之言。”

怎么还有一句不见了？我们讲过，一个成功的领导人，身边至少应该有两个敢跟他讲真话的人，有一个人被牵连不敢讲真话，还有一个人可以讲。萧何只讲了一句话，刚好陈平跟张良在旁边，不对啊，他不是讲了两句嘛，怎么成了一句了？如果不是陈平跟张良抖出来，这段历史就永远没有人知道了。

刘邦其实心里很高兴啊，把韩信也铲掉了，就封萧何为相国，加封五千户食邑，还派了五百个卫士去当保镖、警卫。大家都来庆贺，“相国恭喜啊，相国恭喜啊”。

只有萧何的一个门客叫召平的，在叹气。

萧何看到了，问他：“你不高兴？”这跟赵良劝商鞅是一样的啊。

召平说：“我担心啊。”

“担心什么？”

“相国，我担心你和商鞅一样，死期到了。”

“为什么？”

“你想你功劳这么大，汉王封你当相国，表面上是封你了，可是派了五百个武警来当你的警卫。哼！这是把你看起来啊，一旦有问题，相国你就危险了。”

萧何很聪明啊，他不像商鞅，听不进谏言，他一听就知道意思了：“对啊，他没事派这么多警卫到我家里干吗？”

第二天上朝，萧何马上捐出家产，所有的封地退还给国家，“国家现在需要建设，需要钱，我不需要这么多”，全部退。汉王好高兴啊，心里正是这么想的。

第二年，没想到英布又反了，刘邦又伐英布去了。刘邦在外面打仗，还常常派人回来问，相国现在生活得好不好啊？相国的身体怎么样啊？萧何也没有警觉到，以为皇上关心他。还是他的门客召平提醒他：“相国呀，你危在旦夕了。”

“我又危在旦夕了？”

“应该是你派人去慰问皇上，还是皇上派人慰问你？”

"应该我去慰问他。"

"可现在是皇上慰问你啊，他在外面打仗，你久居中央，勤政爱民，老百姓都爱你、尊敬你，万一拱你为王，你怎么办？皇上能信任你吗？他对你不放心，才一直派人回来慰问你啊。"

萧何一听，恍然大悟。"那我该怎么办？"

"做点坏事。"

萧何想通了。从第二天开始，强占民宅，强占民田，搞得整个长安城的老百姓恨啊，这个宰相浑蛋啊，抢我的土地，抢我的房子，都上书告状。告萧何的信有五大箱，全部用快递送到前方战场给刘邦。

刘邦打完仗，回来了，召见萧何。

"你身为相国呀，贪这些东西干什么？你看这些木箱，里面装的都是告你的信。你自己想办法，去给老百姓道歉。"

刘邦心里好高兴啊，"老百姓服我不服你"。

萧何向大家道歉，土地都还回去了，大家都喊皇上万岁，喊皇上办得好啊！刘邦高兴了。

萧何还是很聪明的，一听就懂该怎么做了。所以萧何最后善终。

刘邦杀了这么多的功臣，而萧何却得以善终。为什么萧何可以善终？智慧。一个人在辅佐一个领导成功以后，怎样保全自己，不是那么好做的事。伴君如伴虎，朱元璋统一天下以后，所有跟他起义的，几乎都被他杀光了，连刘伯温都没放过。汉朝也一样，而萧何得以保全。

到这里，萧何算是了却了君王天下事。刘邦死后两年，萧何也死了。

谁接萧何的位置？曹参。曹参是后话了，我们这里不讲太多。

曹参当时跟萧何争宰相没有争到，心里很不高兴，军功他排第二，争宰相没争到，他不高兴啊，所以每次上朝的时候，只要看到萧何就闪开，绝不跟他碰头。

后来萧何死了，那时曹参根本好多年不上朝了。下属来报告："主公，主公，好消息，好消息!"

"什么好消息?"

"萧何死了，你心头的敌人死了，应该换你当宰相了。"

曹参一听，"啪"一巴掌打下去，"你懂什么啊你"。号啕大哭起来。

下人搞不清楚，曹参不是讨厌萧何嘛，怎么萧何死了他还号啕大哭?

"你们懂什么啊，我哭的是国家损失了一个栋梁啊。我不上朝不是我不喜欢萧何呀，我的意见常常跟萧何有出入，导致萧何在推行他的政策的时候都要看看我。我们都很清楚，萧何的能力在我之上，他的决策一定比我好，我的决策一定比他差，差的会影响到好的，会影响到国家进步，所以从此我不再上朝，让萧何放手去做。你们懂什么啊?啊?你以为我讨厌他?不，我是不想阻碍萧何的施政啊。他走了，国家损失了一个栋梁。"哭啊，一边哭一边告诉他的夫人，"夫人，把我的官服拿出来"。

"干什么?"

"皇上马上就要来了，找我当宰相。赶快，官服拿出来。"拿出来了，因为好多年没上朝了，官服都皱了。古代的官服是棉的，没有放绒在里面，所以很容易皱掉。他一看，"哎呀，你不会烫一烫，这样我怎么穿呀"。夫人就赶快整理，烫完了，曹参穿好了。

果然汉惠帝来了，请曹参为相。

我们一开始就讲了张良的"萧规曹随"。就这样，曹参进宫当了宰相。当了宰相以后，曹参什么事也不干，无为而治，每天喝喝酒、喝喝茶，听听歌、唱唱卡拉 OK，什么事也不做。

我们都晓得，新官上任三把火。惠帝一即位，就想有一番作为。“宰相什么都不做，我怎么作为啊？”

惠帝就跟曹参的儿子说：“你回去跟你爸爸说，我总得有一番作为啊。他每天这样喝酒、喝茶、唱歌，宰相不能这样做呀。他得以身作则嘛，不能老是带头喝酒、唱歌。”

曹参的儿子回去跟爸爸讲了：“皇上说，你不能每天唱歌呀、喝茶呀、跳舞啊。要做点事啊。”

曹参一听：“毛头小子，你是我儿子啊，国家大事让你管了？来人，家法伺候！”把他打了一顿。

儿子第二天上朝，惠帝一看：“怎么回事？”

“皇上，你要我跟我爸爸讲一讲，你看我的屁股，完了。”

惠帝不高兴了，把曹参找来：“昨天那一席话是我要他讲的，你怎么可以打你儿子，嗯？”

曹参先谢完罪，接着说：“皇上，拿你的才华跟高皇帝比，如何啊？”

惠帝一听，“那当然是高皇帝强了，我哪能跟他比嘛”。

“那我跟萧何比呢？”

惠帝本来心里就不高兴：“那差远了，你跟萧何怎么比啊？你那点算什么啊？”

“那就对了，皇上你讲对了。你的才华远不如高皇帝，我远不如萧何。这两个这么伟大的人定的所有的政策、所有的法律、所有的策划案，我们跟着去做就好了，你去更改它，会比之前的更好吗？会做得更好吗?”

皇上恍然大悟，就这样“萧规曹随”地做下去了。

萧何所定的一些规章，在汉朝延续了四百多年。他的《九章律》做得非常完整，而这些规章到后世，到了隋唐都还拿来参考。萧何的贡献很大，而且最后还能善终，说明萧何有这样几个特征：

第一，萧何的为人，他的反射能力很强，知道要做什么。

第二，他的预见能力很强。

第三，他有同理性。

第四，他可以纳谏。

第五，萧何虽然干了宰相了，可生活非常简朴。

第六，鞠躬尽瘁，在位置上一天绝对尽忠职守一天，毫不懈怠。

萧何成功了，所以后世所有干总经理的、干董事长副手的，要去了解萧何为什么成功，他的这些技巧、这一切做法可以供我们参考、供我们学习。

关于萧何我们就给各位介绍到这里，下次我们再介绍另外一位宰相。

谢谢！

曹操

古人作事无巨细
寂寞豪华皆有意
书生轻议冢中人
冢中笑尔书生气

寂寞豪华皆有意

曹操

电视机前的观众朋友们，大家好！很高兴又有机会跟各位探讨宰相的问题。

不管在戏剧里面，还是在历史、社会，以及群众的言论当中，曹操都会常常出现。尤其最近挖到个曹操墓，这个墓到底是真是假，争论很多，不过按照目前台湾地区跟日本学者的看法，它可能是真的，因为很多文物证明有可能是真的。但是困难在于很多文物被盗了，如果能把文物拿回来，那就更可以证明了，希望它是真的，这样可以对历史有更好的交代。

为什么大家会讨论曹操呢，因为他在历史上是一个很有名的人。连毛主席在 1954 年都有一篇文章，对曹操有这样一个论断，我再念给诸位听一下，主席是这样说的，他说，曹操是个了不起的政治家、军事家，也是个了不起的诗人。曹操统一了中国的北方，建立了魏国。当时的黄河流域是中国政治、军事、经济的重心，曹操改革了东汉的许多恶政，抑制了豪强，发展了生产，实行屯田制，还督促开荒，实行法制，提倡节俭，使遭受极大痛苦和破坏的社会开始稳定，让人民可以安定下来，休养生息。这些都是曹操的功绩。戏里面演曹操，说他是白脸奸英雄，那是小说里写的，是老百姓根据封建传统所下的定案。今天我们看曹操，不是从戏曲上，也不是从小说上来看，我们是从现代管理上来看曹操的问题。

日本人早在20世纪60年代就讲过一句话：不懂中国历史的人，很难做好一个管理者。因为中国历史上所发生的各种事件在现代的管理中层出不穷，能掌握中国历史命脉、掌握历史的轨迹并知道怎么去执行，就很容易解决现在管理的问题。历史在不断地重复，因此我们用现代管理眼光来看当时曹操怎么做，就能了解管理不是西方独有的东西，中国人老早就在做了，只是我们没有把它整合起来，没有把它系统化。

那么，我们今天分几个段落来看一看曹操。

先简单介绍一下曹操的一生，让大家对曹操有一个完整的了解。曹操是汉朝初年，曹参跟夏侯婴的两个支的后代，到二十岁那年他被举孝廉。汉朝举仕跟现代不一样，那时是举孝廉、方正、贤良、纳贡，贤良是举有才华的人，方正是举品德好的人，孝廉也是举品德好的人，至于纳贡，是有钱的企业家捐钱给政府，也可以升官。通过这样四个途径，被举到中央，经过廷试合格以后，送到太学，就是现在我们所说的大学的前身，去培训。为什么要培训呢？因为选出的人即使有才华，或者是有品德，他也未必真的念过书，连公文都不会批，怎么当官？所以送到太学去念书。在汉朝，太学的学生统称为书生，这也变成我们中国人的一个俚语了，读书人叫书生就出自这一段。曹操被举孝廉，马上升为洛阳郎，当了类似首都的副市长，负责治安问题。到了二十九岁，他陈留起兵，讨黄巾，也讨董卓。到三十一岁，开始逐鹿中原，收青州兵三十万，就是他的主力部队。到了四十岁，他挟天子以令诸侯，迁都到许都。到了四十五岁，他收河北，收乌桓，在历史上有名的官渡之战中，以少胜多，七万对七十万。到了五十三岁，他南下打算统一中国，爆发了历史上更有名的赤壁之战。可这一战他输掉了，史学家评论，如果这一战成功，中国就统一了，中国人民将减少后来七十年内战的纷扰，所以有点可惜。到了五十六岁，他平定了关陇，打败了关中的马超，又打败了张鲁，收复关中跟汉中。到了六十二岁，到汉中跟刘备决战，输掉了。他讲了一句有名的话："鸡肋，鸡肋，食之无味，弃之可惜！"后来杀杨修就是在这里。到了六十四岁，爆发樊城之战，这一战原本他输掉了，后来他联合了孙吴，因为孙吴也不愿意看到刘备做大，也想取荆州，曹操就联合孙吴偷袭关羽，关羽后来败死，樊城之战结束。六十六岁曹操结束了他的一生，也是坎坷、复杂、伟大的一生。

曹操的出身背景其实不是很好，但是后来能够获得成功，从管理心理学角度上看，是因为他有几个特征存在。在管理心理学上，研究一个成功的人，尤其是成功的伟大领导人，发现企业家要成功有几个人格上的条件，曹操基本上具备了这些条件。

第一个条件是智慧和应变能力。

曹操有没有具备智慧和应变能力呢？举个简单的例子，我们常常讲，我的孩子怎么这么调皮呀？我的孩子怎么这么爱玩、爱闹啊？其实，一个调皮、淘气的小孩往往是智商高的小孩，父母亲应该好好去引导这种小孩，不要去压制他，要去引导他发展。曹操六七岁的时候很调皮，叔父常常会骂他，告诉曹操的爸爸，这孩子不教育，就完了。曹操为了避免叔父的批评，让爸爸不相信叔父讲的话，有一次故意在叔父面前倒下去，像癫痫症那样倒下去。叔父紧张了，一看，怎么躺下去了，像癫痫症一样，马上把他扶起来。他跟叔父说："叔父，我就有这个毛病，常常会发作，一发作就动不了了。"

叔父就告诉曹操的爸爸："你的孩子有癫痫症，你知道吗？"

"我不晓得。"

"真的吗？他在我面前发作好几次了，你怎么不晓得啊。"

有一天，爸爸问曹操："你有癫痫症啊？"曹操说没有啊，没有啊。

"那叔父怎么这样讲？"

"叔父不喜欢我呀，他讨厌我，他就造谣嘛。"

从此叔父在爸爸面前怎么数落曹操，他爸爸都不相信了。六七岁的孩子就有这种本领，现在有几个孩子能做得到？

上小学的时候，曹操的爸爸牵着他的手经过校门口，刚好有一个相面摊，许劭在那里。

曹操的爸爸就问："哎呀，你看看我孩子的命怎么样啊？"许劭本来不讲的，曹操的爸爸说："你说，没关系。"

"你真的要我说？"

"你说说看，这个孩子将来怎么样？"

"我看他的相，将来是治世之能臣，乱世之枭雄。"

一般虚岁七岁的小孩听到这句话，听得懂吗？可能听不懂。可曹操一副假装听不懂的样子，等到回家后才跑到后门哈哈大笑，原来我是治世能臣，乱世枭雄。七岁的孩子城府就这么深，稳重。在人格特质里面，一个成功立大业的人，不但要有智慧、应变能力，还得稳重，他做到了。

第二，不但要有智慧、应变能力，还得有胆识去做事情。

曹操二十岁举孝廉。那个时候是东汉末年桓灵二帝时期，东汉末年已经非常混乱，制度已经坏了。汉朝初期举仕的贤良、方正、孝廉、纳贡是举得很好的，地方官员没有举合适的人上去，一旦被查到，那可能会丢脑袋的，所以为了保障自己举的人没有错，而且确实都举了上去，只要大概对的都往中央推荐，所以西汉早期人才济济。到了东汉末年桓灵二帝以后，却把这个制度拿来当卖官用。

我读历史读到这一段，有一个看法。曹操能够在叔父跟爸爸之间这么耍来耍去，还被举孝廉，有没有问题？可能制度上还是有问题，要是在汉朝初年，恐怕就很难举了。曹操二十岁当了洛阳郎以后，负责治安问题。首都的治安是非常重要的，他下了个令，为了首都治安的稳定，晚上不能在外面游荡，更不能喝酒闹事。他做了五色棒，摆在官廊里面，有违禁的，严格处罚。当时政治已经腐败了，有权势的人根本就不在乎什么三申五令，谁怕啊。而且很多官员为了附和有权势的人，在执行过程中根本不可能彻底。可曹操不是这样，《三国志》里面是这样说的，他是“声明禁令，严肃法纪，彻底执行”。

当时有一个皇上最宠的宦官蹇硕，蹇硕的叔叔根本不在乎，以为朝中有靠山，怕什么啊。这种因为有靠山而不怕法制的人太多了，一旦出了问题，打个电话不就结了嘛，违规被交警抓了，打个电话不就结了嘛。起初以为没有问题，就好像明朝的胡大海的儿子一样，皇上三令五申军中不得喝酒，因为会影响战斗力。胡大海的儿子照喝，心想怕什么呀，我父亲跟皇上是结拜兄弟，喝，没事。结果最后被举报了。明太祖讲了一句话：“宁可胡大海叛我，不能使我法不行。斩！”曹操就是这样的个性。蹇硕的叔叔违纪闹事被抓了，怎么办？用五色棒打死了。这一打死以后，震惊了整个朝廷，以后整个洛阳没有人敢违纪了。连这么大的官都被打死了，其他人犯法算什么啊，照样执行。一个二十几岁的小伙子就有这种魄力。

后来曹操在三十岁的时候被调到济南国当了济南相。当时汉朝封了很多小国，都是国王，济南国就是现在的济南。因为汉朝末年法制已经松弛，济南国里面豪强掠夺，税也不交，侵占国家的土地，什么乱事都做得出来。曹操到任以后，开始清算土地，清算税收，严格整治。不但这样，还推行教育，教老百姓要懂得去尊重法律。《三国志》里这样写道："政教大行，一郡清平。"曹操在济南国当济南相的短短一年内，政教大行，一郡清平，政治、教育推行得非常好，整个地区非常清平，治安良好。所有豪强、所有违章乱行的人不得不遵从法令，这说明曹操的执行力跟胆识绝对够了。没有胆识，一个二三十岁的人哪敢这样做？他不畏豪强，敢这样做。所以曹操具备了另外一个条件，一个成功人的特质条件：胆识和执行力。

第三，曹操非常理性。一个成功的领导人、企业家要足够理性。人不是绝对的，绝对理性、绝对感性都不可能，它是相对的，要看理性的成分多还是感性的成分多。曹操有感性的时候，但在处理政治、军事上的问题时，他是很理性的。

举个例子，官渡之战，原本曹操是没有把握的。袁绍七十万大兵，曹操只有七万，一比十，怎么打？可这场战役后来在曹操的运筹帷幄之下，终于打赢了。打赢以后清理战场时，曹操才赫然发现，自己的文武百官跟袁绍私通的书信堆积如山啊。当时他的幕僚跟他讲："主公，这么多人通敌，应该严肃处理。"东汉的刘向讲过一句话："国有五寒，而冰冻不与焉。一曰政外，二曰女厉，三曰谋泄，四曰不敬卿士而国家败，五曰不能治内而务外。"谋臣跟曹操讲："国家五寒里面，一个政外，一个谋泄。这些人私通我们的敌人，就是政外。”

现在的企业竞争也怕这样，自己的人跟外面的人勾结了，机密泄露出去了。以前在日本的汽车竞争市场上，日产大于丰田，可为什么到20世纪60年代以后，丰田倒过来压过了日产？日产最先研发出一部车子，叫Bluebird，蓝鸟。这个车子的结构非常好，可惜被商业间谍偷偷拍下来给了丰田。丰田根据日产的蓝鸟重新规划，把它的缺点改一改，重新整理一下，变成了后来的CAMRY，凯美瑞，两车同时上市，结果丰田的广告把日产的车子里面的缺点全部列出来了，为什么？我有你的蓝图，你没有我的蓝图。就这么一战，日产输掉了。输在哪里？政外跟谋泄。自己人跟外面的人勾结，然后把机密泄给人家，你怎么能赢呢？

所以谋臣说：“主公你看看，我们的人跟袁绍勾结，这个要不处理，一旦变成风气，以后还得了啊？”曹操听完以后微微地笑一笑，在堆积如山的私通的书信周围绕了两三圈，讲了一句话：“战争一开始，袁绍的势力这么强大，连我自己都没有把握能赢，何况是下面的人。我是强迫自己显得很镇定，其实我内心的慌乱你们不知道。连我内心都这么慌乱，都没有把握，何况是他们呢。算了，烧了，烧了。这个我不能怪他们，烧了，全烧了。”原来通敌的这一批人，在曹操烧了书信以后，全部松了一口气，要不然提心吊胆啊，有的武将甚至准备谋反，为了自保嘛。书信全烧光了以后，武将不敢反了，稳下来了，文人忠心耿耿，从此不敢背叛。

所以一个领导人在处理问题的时候，不得不理性地去思考很多问题。曹操还有一个理性的表现。因为他功劳太大了，孙权就故意上书给他，要让他称帝。一旦曹操称帝，天下矛头都会指向他。多少人想称帝，曹操自己讲了一句话：“使天下无有孤，不知当几人称帝，几人称王?”如果天下没有我曹某人，不晓得有多少人要称孤道寡，称王称帝，天下更乱。幸好有我呀，把大局稳住了。曹操当然不会去称帝。当孙权上书以后，要是别人肯定高兴得不得了，而且孙权还讲：“你称帝，我听你的。”曹操讲了一句话：“要我称帝，是把我摆在灶上去烤啊!”他很理性，没有被冲昏了头。很多企业高速发展以后，管理者就被成功冲昏了头，行为也放纵了，企业也不管了，整个松弛了，而且容易得意忘形，去秀给人家看，你看我财富有多大，我事业有多成功。而一个真正成功的人，他不会去讲这些事情，而是会继续发展下去。

在曹操二十几岁的时候，他的妹婿得罪了宦官，被杀了，他受到牵连，罢官，回家。很多人丢官，事业失败了，回家之后就灰心丧气了。而曹操不是，他回去干脆散尽家产，招募兵马，而且读书猛进。曹操的学问非常好，连毛主席在1954年都说曹操的诗写得好。一个没有文学素养的人怎么把诗写出来?翻开中国历史，所有真正成功立大业的人都有共同的特征，都很努力，很喜欢学习。曹操也是如此。很多人都想，刘邦不是不学无术嘛，这样想就错了，刘邦早期不学无术，一旦统兵打仗之后，就开始努力学习了。所以一个成功的人，他的学问都非常宽广、非常深入。

在经营企业的过程中，遇到的所有的困难和问题，和曹操一样，得想办法解决，光抱怨是不行的。我常常跟学生讲，考不及格，你哭有什么用啊?要去思考一下，我下一次怎么把它弥补过来。这就和王允一样，怕董卓知道，以过生日为由，把大家招来家里，名义上是庆生，实际上是在讨论战乱时局的对策，结果所有的大臣哭成一团，曹操连哭都不哭，还在旁边笑：“你们这样从晚上哭到天亮，再从天亮哭到晚上，会把董卓给哭死?与其哭、怨天尤人，为什么不用这些时间去思考怎么解决问题?”他是这样理性地分析。可是要解决问题，如果没有广博的知识，怎么会有那么多策略出来，所以知识越广，书读得越多，应付各种问题的谋略就越完整。

所以台湾的学者后来评论蒋介石跟毛泽东，分析为什么毛泽东会成功。蒋介石跟毛泽东谁书读得多?还是毛泽东书读得多。书念得多不是死读书，而是要融会贯通，用到实务上，那个叫执行力。学到很多的知识，却不晓得通过思考力把它付诸执行，没有用。我们讲做人要包容，要理性，那是理论，可是碰到问题的时候你会不会做?部属通敌了，你能像曹操那样很理性、很包容，用到实务上吗?后来《资治通鉴》在评曹操为什么成功的时候，列出了他的十大优点。其中有一点，曹操懂得把学的东西应用到实务上，非常务实。而袁绍、袁术这一批人却不懂得把学到的东西真正应用到实务上。袁绍只会讲排场，出门的时候排场很大，开会的时候排场很大，都是排场；吃饭的时候一定要举行宴会才叫礼貌，一桌就要几万块，这不行，曹操不来这一套，他务实，不讲排场，只讲结果。史学上称这一点叫曹操的“道胜”，也就是讲曹操是非常务实的。

讲求务实有三个条件：第一个是勇气，第二个是理性，第三个是包容。这三个合起来才是真正务实的人。曹操做到了，勇气他有了。所以他敢在大家哭的时候说“有什么策略应付董卓?把他干掉就好了”。另外一个，曹操说，“董卓信任我啊”。董卓信任曹操，王允还请他来做客，这说明曹操跟两边的关系都很好，在朝中建立了良好的关系，当然树立敌人也多。关系好、权力大，跟你竞争的对手多，一样也会有敌人，这是事实。可是这个时候董卓信任他，王允还请他来，他才有机会去刺董卓。

“听说你有把七星宝刀。”

“有啊，有啊。”

“能不能借我看看？董卓现在很信任我，我可以亲近他，找机会把他干掉。”所以才有刺董卓的那一幕。

因为董卓信任他，有事找他，打个电话给他：“你过来。”

曹操见了董卓以后，董卓说：“哎呀，我找你来，你怎么来得这么晚？”

“哎呀，我的车子不行，我的车1.6的。马瘦嘛。”

董卓一听，“我的马好，我的是宝马。我送你一匹”。跟吕布说：“你去牵一匹宝马牌的给他。不然每次开会都迟到怎么行。”董卓因为胖，坐不久，就躺下去。曹操想机会来了，可是他万万没有想到，古代的床上有铜镜，照到曹操有动作，董卓马上翻身过来：“你要干什么？”这个时候曹操机智的应变能力出来了。

曹操兵法读得多，他躲在家里读兵法读了几年，兵法有奇正之用。很多人解释兵法时是用文学解释，解释错了。偷袭敌营，是正兵还是奇兵？很多人说是奇兵，错了。还是正兵。什么叫正跟奇？看看李卫公跟唐太宗的对白就清楚了。我要打你，要偷袭你，我把你的敌营摸清楚了，然后我制订完整的计划，怎么突袭，你摆哪里，我摆哪里，我怎么打、怎么进，进去之后我又怎么打。这种有计划的攻击，不管是突击也好，正面对打也好，统统叫正兵。可是我到敌营之后才发现，完了，跟我原来的规划不一样，原来是个空营。怎么办？要不要随机应变？这种随机应变，事情发生后随机应变的处理方式才叫奇兵。曹操要去刺董卓，是正兵之用。先取信于你，然后接近你，等待机会动手。没有想到你通过镜子看到我了，糟糕，怎么办？我得随机应变，这个叫奇兵。曹操应变得很好啊，“哎呀，主公，我刚好得到一把七星宝刀，我想送给你，让你看看好不好”。董卓信任他，没有想那么多，“这个刀很好，很好”。送完刀，曹操就走了，刚好又得到了一个宝马，跑了。曹操的应变能力那是一流。

曹操除了应变力、理性、执行力，还有很强的预见能力。别人没有看到的，他看到了。甚至于把别人的优点、缺点都看得清清楚楚。曹操跟刘备煮酒论英雄，说：“刘先生你看，天下英雄一共有几个啊？”刘备也是精啊，不敢讲，只能顺从他：“河北袁绍，河南袁术，荆州刘表，汉中张鲁，蜀中刘璋。”扯了半天。“不不不，你讲的那些人都不行。”根据《三国志》，曹操可以当场把袁绍的优缺点讲出来，把刘表的优缺点讲出来。统统讲完以后，曹操说这些人的优缺点我都很清楚，扫平他们太容易了。他批评袁绍，说他脑袋想得多，可是又不果断；谋臣多，又不会用；河北将士这么多，不晓得怎么善待他们。所以他的粮草、他的兵众正好是我的后备，将来都为我所用。后来果然都为他所用了。

另外一个问题，领导人的包容力。曹操的主力是青州兵，三十万大军哪里来的？都是黄巾遗留下来的。黄巾作乱，黄巾军投降的降兵降卒，曹操整编后，这三十万人后来就变成了他的主力军。整编过来的部队为什么会效忠于他？领导人如果不行，对部属如果不好，部属怎么会效忠于他？兵法上有一句话：良将手下无弱兵，强将手下尽庸才。可是我们以前背错了，都背成了“强将手下无弱兵”，那不对。项羽跟刘邦谁是强将？项羽啊。可项羽下面的人为什么都不行？人才都跑光了，因为项羽太强势了，不会用兵。所以是良将手下无弱兵，强将手下尽庸才。曹操是个良将，也是个良帅，所以三十万投降的青州兵会变成他的主力。这是曹操人格特色的优势。

曹操预见能力强，看得远，所以知道天下的走势如何，哪个该先打，哪个不该先打。如果没有预见能力，他就不会去挟天子以令诸侯。到了他四十岁那一年，汉献帝从建安到了洛阳，洛阳已经是一片废墟了。曹操到洛阳去勤王，当时这件事很多人都可以做，可为什么别人都没做，唯独曹操做了？他有个谋臣叫荀彧，劝他借这个机会，“主公，当时齐桓公怎么做的？为什么成为五霸第一霸？尊王攘夷。刘邦为什么一路顺？勤王。所以主公你应该趁这个机会入洛阳，先取得皇上的信任，再把皇上迁到许都，不要让他留在洛阳。”为什么迁到许都？好控制啊。你已经在我的首都里面了，这里全部是我的人，你能怎么样？献帝也没有办法，可怜的皇帝只是个傀儡而已，只好跟着到许都去，成为被曹操完全控制的人。这种预见能力，当时各路群雄没有一个人具备，而他却具备了。

管理心理学里提到一个问题，一个成功的领导人必须要有宏观跟微观的能力。什么是宏观的能力？看得远、看得深。套用我们中国人现在的话叫博大。微观的能力是精深。所以博大跟精深就是看得远、看得广、看得深。

人生有三部曲，第一部曲叫实力培养，没有实力，免谈。第二部，根据实力才能做战略部署。第三部才是战术应用。曹操在实力培养出来后，挟天子以令诸侯的每一步都是根据自己预见到的一步一步去战略部署的。一个人没有预见能力，绝对做不出战略部署。企业要扩张，没有预见能力怎么扩？怎么发展？麦当劳跟肯德基在国际上的竞争，中国市场是麦当劳唯一输给肯德基的地方。不管在哪个国家都是麦当劳赢，可偏偏在中国，麦当劳输了。为什么？预见能力。麦当劳把总部设在香港地区，因为它对中国内地市场没有把握。可肯德基不是这样做，它赢了。可口可乐跟百事可乐在中国战场的决战，可口可乐赢了。为什么？预见力。20世纪70年代可口可乐进中国的时候，全世界把它当笑话，一个这么穷的国家，你进中国把可乐卖给谁呀？可口可乐讲，我的看法跟你们不一样。我只要有钱的几个人买就够了。人口那么多，几个就够了。不要急，打仗打长远的，不是打短暂的。可百事可乐就是不来，它去了哪里？苏联。当时可口可乐来中国，百事可乐去苏联，全部的舆论认为百事可乐的决策对，可口可乐的决策错。到了1983年的时候，中国的经济逐渐发展起来了，可口可乐从一个厂发展到两个厂。到1991年，苏联解体，百事可乐才赫然发现当时的策略错了。这个就是评估的问题，宏观跟微观的能力。是看得很远还是只看到现在的问题。曹操看问题就跟可口可乐一样，跟肯德基一样，看长远，不是看现在。所以曹操对一城一地的得失未必计较，丢了汉中，算了，不要了。

在企业竞争上也不是一个小产品输掉就全部输掉了，只要战略部署对，眼前的失败不代表真正的失败。所以我常常跟我的学生讲，大学你念得不好没关系，真正重要的是大学毕业后十年，你怎么规划你十年后的人生。当时曹操在当小官的时候，很多人瞧不起他，因为曹操的个子不高。曹操的身高只有七尺，在古代那个社会打仗靠力量，七尺有多高？汉朝的一尺相当于现在的二十三厘米，所以曹操的身高是一米六几，穿上盔甲那是矮小不堪啊，而刘备身高八尺、诸葛亮身高八尺多，都是超过一米八的大高个了，曹操怎么和他们相比？曹操才一米六几，矮矮的，所以在当校尉的时候，人家看他个子矮，常常看不起他："你能干什么，你能打仗吗？"但曹操讲了，打仗不是靠体力。

另外一个，不管你怎么会用人，怎么会做企划，怎么有胆识、有勇气、有谋略，你得有人来替你执行。没有人替你执行，再好的谋略、策略又有什么用？企业开始扩张时最需要的是什么？人才。没有人才，你光喊扩张有什么用啊？到外面设厂，没有人才，谁去帮你管理？曹操就是会用人。曹操讲过一句话："唯才是举，吾得而用之。"只要有才华的，我统统用，没有我不用的。为此，曹操曾经下过三次求贤诏。

曹操跟荀彧说过一句话，他说，荀子有一句话讲得好："彼持国者必不可以独也。"一个经营国家的人，他的成功不是靠一个人，"必不可独也"；"然则，强固荣辱在于取相焉"，但是，组织是强还是弱，是成还是败，在于你怎么用人；"身能相能，如是者王"，领导人有能耐，用的人也可以，这个组织将可以称王；"身不能，知恐惧而求能者，如是者强"，领导人如果能力有限，知道自己不行，那就尊重专业人才、专业经理人，企业还能够强大，像刘备，刘备的能力就是有限的，《三国志》里面对刘备的评价没有那么高，评价最高的是曹操。刘备如果能力强，早听诸葛亮的话，历史就改写了，可他听不进去啊，他没有像《三国演义》小说里面写的那样对诸葛亮言听计从。就怕是君不能，又不能知恐惧以举能者，"安唯便僻，左右亲比己者之用，如是者危削，綦之而亡"，领导人不行，又不能找到有能力的人来替你执行，所用的人都是周围跟你在一起，每天饮酒作乐的，或是每天跟你一起玩的，或是阿谀奉承的小人，如果这样的话，这个组织一定"危削"，危是危险，削是开始缩小了，"綦之而亡"，到最严重的时候一定灭亡。所以曹操很了解这一点，三次下诏求贤。第一次在建安十五年，下诏向全国求贤，不管是贩夫走卒，还是隐士屠夫，只要是有能力的，就来。

曹操跟荀彧谈论的时候说，周武王为什么伐纣会成功？齐桓公为什么能称霸？刘邦为什么每次危险都能跑掉？周武王能成功是因为有姜子牙；齐桓公能成功是因为有管仲、鲍叔牙；汉高祖能成功是因为有张良、韩信、萧何、曹参、陈平，有这么多人辅佐他。所以曹操说我们一定要广揽天下人才，为我所用。即使你来了，一个谋都不出，那也没有关系，至少人才在我这儿，别人就没有人才了。比如徐庶，原来是刘备的谋臣，可曹操用尽办法把徐庶诓过来。徐庶到了曹营以后才发现原来书信是假的，是曹操让人假装他母亲的笔迹写信把他诓过来的。徐庶说，虽然我人在曹营，可我从此不会为曹操出一谋一策。曹操也无所谓，说没关系，你不出一谋一策，我薪水照样付你，养老金照样付你，一样给你高待遇。至少刘备没有谋臣可用啊，这样就把对方的实力整个削弱了。曹操的看法是这样的。

到建安十九年曹操第二次下诏求贤，建安二十二年第三次下诏求贤，所以曹操是非常爱才的。他如果不爱才，长坂坡一战，赵子龙早就死了。

企业管理上用人有几个步骤：第一，要爱才。不爱才，就不会用人才。第二，要识才。懂得看人才，他是人才，是蠢材，还是庸才。第三，要会用人才，把他摆在正确的位置上。再好的人才摆错了位置也变成庸才了。第四，要能用人才，能包容人才。不能包容人才，有再多人才也不会靠近你。第五，对人才一定要培训。古代人才培训上不如现在，现在企业对人才培训很重视，中国这几年经济发展得这么快，跟人才辈出、跟企业界对人才培训的重视有绝对的关系。

日本从 1949 年到 1969 年这二十年内，在人才培训上花掉八百六十亿美金，把人才的素质整个提高了。所以人才是中兴之本，人才是开创之本，人才是经营之本。松下幸之助有一句至理名言：人才是组织的重心。组织的重心是人，不是机器。再好的机器也是人把它制造出来的，人去设计、去操作的。没有人才，什么用也没有。但是人才要培训才能够融入我们的文化里面，这叫教育训练。

再一个，用的人才要具备一定的执行力。我们用人的目的是完成任务，达到目标。用的人没有完成任务的能力，没有办法达到目标，用这个人干什么？企业要创造利润，用人是用来帮我们创造利润、创造绩效的。所以用的人一定要具备执行力。

最后一项是留才，能够把人才留下来。人才留不住，都跑掉了，培养之后跑掉了，怎么能够成功？项羽为什么输掉？人才跑光了，跑到刘邦那里去了，尤其是张良、韩信、陈平，三个这么关键的人物跑掉了，真可惜。如果不跑，刘邦还未必会赢，所以一定要能留才。这一点曹操非常清楚，所以他看到赵子龙，非常喜欢，“要能归顺于我，那就太好了！传我的命令，活捉赵子龙，谁要伤了赵子龙，军法论处，不得放冷箭，不能伤了他性命，我要活的”。就这一道命令让赵子龙跑掉了。你想，我跟赵子龙打仗，又不能拿箭射他，伤了他还得军法论处。哪有这样的事，我是曹将，跟你对打，我被你砍了活该，我砍了你军法论处，那我只好放你走算了。赵子龙就这样跑掉了。所以曹操如果不是爱才，赵子龙就走不了。

曹操在用人上有哪些谋略？第一，奖惩非常公平。在奖惩上曹操非常公平，而且非常理性。第二，他允许部属犯错误。博望坡一战，由夏侯惇带着于禁跟李典和刘备作战，因为那个山谷很窄，又长满了草，于禁跟李典就告诉夏侯惇，“主帅，我们在谷里面走，只能过一列，山草这么长，要防刘备火攻啊！万一烧火，不得了，就跑不掉了”。夏侯惇说，“没事，兵贵神速，赶快通过去就好了”。就没想到刘备果然用火攻，草沾了油，点了火滚下来，下面也长满了草，一起烧。曹军大败，回来了。

夏侯惇亲自跟曹操讲："我犯了大错，我败了，自请处分。"

曹操笑一笑："哎呀，你呀，用兵打仗这么多年了，难道你不明白胜败乃兵家常事嘛。这么失败一次，正好作为教训，回去好好研究一下为什么输掉了，下一次不要再犯就好了，没事了。但话说回来，在窄道路里面行军，草又长，对方可能放火，难道你没想到?"

夏侯惇说："李典、于禁跟我提过了，可是我没有听。主帅，我有罪。"

曹操就问李典、于禁："你们怎么提的?"

"我跟主帅提要防火攻，不能不谨慎。可是主帅没听。"

"很好，你们两个人谏言非常好，以后部队行军打仗，主帅要想的问题太多了，很多细节主帅可能没想到，你们做副将的、做幕僚的都得提出来。重奖。"重奖了两个将军。

这是曹操用人的一个谋略，一个是他奖赏分明，一个是他允许你犯错。

第三，他知人。在合肥城那一战，他让张辽、于禁、李典去守城，三个人个性不一样，而且不和。他考虑到了，如果守将的看法完全一样，看问题就只能看到一面，看不到多面。当时兵少兵弱，他故意让三个看法完全不一样的人去守城。这三个人的观念和方法完全不一样，整合以后，就想到了。"曹公在走的时候让我们守城，留了一个黑匣子，里面写着锦囊妙计。只要依据这个做，一定赢，赶快打开来看。"打开一看，很简单，张辽、李典出城，于禁守城，就这么简单。曹操把三个个性不同的人摆在一起，让他们从三个不同的方面来处理，再把工作分配好。曹操对部属的人格特质、专长能够深入了解，才不会把他们摆错位置，这就叫做能知人，能用人。

再一个，曹操会笼络人心。讨张绣失败——其实本来不会失败，张绣本来要降的，可是为什么后来又叛了呢，那是曹操的缺点造成的，等会儿我们要谈到曹操有哪些人格上的缺失，才造成张绣后来又反了——张绣突袭曹操，曹操没有准备，就失去了典韦，失去了儿子曹昂。第二年回来的时候，曹操在河边大祭，只哭典韦，却没有哭儿子。哭得伤心、痛心，全部官兵统统潸然泪下。我们可以说他演戏，但是我很佩服，各位演演看看，能不能哭得那样眼泪一直流，整个毛巾全部擦湿了，有能耐吗？他有这个能耐，我们不能不佩服。所以曹操在用人上把现代管理学所讲的用人策略全部用齐了。

从桓灵二帝以来，整个法纪松弛，袁绍、袁术等人就顺着潮流跟着松弛下去，可曹操不是，猛揪，反腐败斗争做得很好，针对当时的弊端，马上雷厉风行地改革。他做得很好，在他的统治之下，整个魏国大治。历史上不能不承认，北方会突然安定下来，就是因为曹操的猛揪，执行力、管理力强。曹操的决断做得比别人快。史上批评袁绍、袁术多谋少断，曹操不一样，在所有的谋略里面，挑出认为可行的，马上就断。这是他的优势。

另外一个是包容力。当时官渡之战为什么袁绍输？袁绍是沽名钓誉，讲排场，讲面子，请客一定要大排场。我们社会上现在还有这个风气，请客要大排场，其实没必要。到西方社会去看看，他们互相请客都很简单，吃饱就好了，主要是那份心意，有诚意就好了。曹操很清楚，像现代管理学所讲的，不讲排场，以诚待人，所以跟着他的人都死心塌地。

袁绍听不进谏言，当时爆发官渡之战，南伐曹操的时候，田丰告诉袁绍："三年前，我要你伐曹，你不肯伐，现在曹操拿下徐州，又挟天子以令诸侯，中原在他手里，兵也多了，将也广了，粮草也足了，你现在才伐曹，很辛苦啊。再看我北方，最近都是饥荒，粮食有问题，也有饿殍，我们应该先把内政做好，内部不整顿好，就考虑外面的事是不对的。"可惜田丰的谏言袁绍没有听进去。袁绍出兵的时候，田丰跪在营门口讲："主公，你不听我的谏言，我将看着你出去，再也看不到你回来了。"袁绍怎么处理的？"乱我军心，拉出去砍了。"刘备赶快讲："哎呀，主公，大兵欲动，斩谋臣非吉也。""那好，打入大牢，等我们回来再杀。"最后没听啊，输了。可输了回来，怎么办？杀了田丰没有？杀了。

袁绍这一点不如刘邦，刘邦讨伐匈奴的时候，当时劝他不可去的是刘敬，刘邦坚持要去，"我箭在弦上，不能不去"。刘敬也是在营门口："皇上，你不可去，我看着你去，恐怕再也看不到你回来了。"当时刘邦很生气："乱我军心，拉出去砍了。"陈平说："哎呀，皇上，大兵欲动，斩谋臣非吉也。"所以没杀刘敬，"那好，打入大牢"。果然，刘邦输了，回来了。但刘邦输了回来，怎么处理刘敬的？亲自去大牢，拿着钥匙，开了枷锁，请刘敬上座。刘敬本来姓娄，刘邦赐姓为刘，他就变成了刘敬。刘邦请他上座，对刘敬说："朕未听子之言，故有今日之辱。"我因为没有听你的话，才有今天战败的屈辱。然后跪下去："我带了三十几万人出去，却没有把他们带回来。哪一个人没有父母啊，今天人家的父母都在哭孩子没有回来，妻子哭先生没有回来，孩子哭爸爸没有回来，兄弟哭弟兄没有回来，谁的错？我的错呀！"刘邦大哭，承认自己错了。刘敬没有想到刘邦跪他，君跪臣怎么办？你敢喊"平身"啊，你脑袋不要了？刘邦一跪，刘敬赶快回跪，君臣抱在一起。最后刘邦站起来跟刘敬说了，以后你留在我身边，当我的办公室主任，有话直说。

可袁绍不一样，打败仗回来后，狱卒跟田丰讲："哎呀，田大人，恭喜你啊，主公果然输了。这次回来一定说你真了不起呀，你有预见能力。"田丰听完了大哭："完了，我死定了。我太了解主公的为人了。如果打了胜仗，回来高兴，我还不会死，可以饶我一命。打输了回来，一定说这一次打败仗是因为田丰乱我军心所造成的，我死定了。"果然没有错，袁绍一回来通过电视台向全国宣布，"这一次本来会赢的，为什么会输？就是因为田丰诅咒我，坏我军心"，把他杀了。

可是曹操不是这样的人，他跟刘邦很像，不会这么糊里糊涂的。赤壁之战曹操大败，却没有斩一个人，只是大哭："如果郭嘉在就好了，我就不会这么惨。你们没有错，错在我啊！"胸襟宽大，又很理性，有包容力。

下一个，执法很清楚。再一个，善于用兵。曹操也学兵学，看兵法也做注解。一个成功的领导人，千万记得一定要博学多闻，什么都要看、要学，像曹操这样，就成功了。

曹操还有很多做得非常得好的政绩。他在统一北方以后，做了很多事情让魏国能够稳定下来。扫平群雄以后不一定就是稳定的江山。群雄刚扫平，社会还是很乱，老百姓还是很穷苦，打仗打了那么多年，壮丁都征光了，打死那么多人，田园荒芜掉，所有的粮食也被征走当军粮去了。老百姓穷得不得了。曹操沿途看了，写了一首诗，"白骨露于野，千里无鸡鸣"。打仗死那么多人谁去收尸？现在是尸体，一个月后呢，不就是白骨一堆了嘛。千里连个鸡叫都没有啊，这么穷困的社会，"白骨露于野，千里无鸡鸣"，曹操看得眼泪都出来了。所以曹操统一以后不管走到哪里，都要求发展经济。而且为了不影响老百姓的生计，曹操创屯田制，部队到哪里，屯田到哪里，军人下田工作，跟老百姓在一起。这一点诸葛亮就是学他的，很多人以为屯田制是诸葛亮创出来的，其实是学曹操的。部队跟老百姓一起下田、一起工作，军民混杂在一起，而且秋毫无犯，因为曹军纪律严明。

曹操开始了土地改革。古代的经济是农业经济，死了那么多人，土地是谁的都不知道，曹操一方面屯田不扰民，一方面重新丈量土地，给老百姓重新分配，使耕者有其田，减轻赋税。再来，他学了韩非子的理论。《三国志》有一段这么说，曹操能够成功，有一点做得非常好的，就是“揽申、商之法术，该韩、白之奇策”。他把申不害、商鞅的策略全部都拿来用了，韩非的理论、白起的兵法也统统拿来用，所以在经济发展、政治发展、军事发展上，曹操是学了韩非所讲的“严其境内之治，明其法禁，必其赏罚，尽其地力以多其积，致其民死以坚其城守”。他把这几点全部用上了，土地完全利用起来，开荒屯田，经济就发展起来了。

维护社会安定。所谓法制雷厉风行，犯罪的一定严惩。老百姓除了农耕以外，还得教作战守则，随时可以上战场，才能让人民“致其民死以坚其城守”。这一点曹操在应用上做得非常彻底。

精简组织。曹操在做济南相的时候，一下子免掉八成的官员。官员任职必须经过考核，以此精简组织，精简机构，提高行政效率，推行法制，安定民生。

给壮士授田。战士老了，不打仗了，回去以后怎么办？发授田证，回去好好种田。所以能打仗的打仗，不能打仗的，回去从事农业耕种，让经济发展起来。

抚恤烈士遗属，只要战死的，统统抚恤，让老百姓勇于为国家奋斗。

自己倡导节俭。曹操跟袁绍不一样，不讲排场，非常节俭。一个组织的文化，就是我们说的企业文化，是怎么形成的？就在于那一两个领导人，他脑袋怎么想、怎么做，文化就怎么形成。所以“风俗之厚薄奚自乎？自乎一二人心之所向耳”，一个企业文化怎么形成就在于那一两个领导人的心态如何。曹操倡节俭，吃饭很简单，一饭一菜，其他官吏敢奢华吗？不敢。老总节俭，下面一定节俭；老总花惯了，下边一定花；老总混，下边跟着混；老总很谨慎、很卖力，下面就卖力。文化就起来了。所以企业文化完全在那一两个领导人怎么把它塑造出来。曹操很清楚这一点，于是自己带头节俭。

抑制豪强。对地方的土豪、黑道，怎么办？严打，严惩，抑制地方的豪强，把社会治安稳定下来。

督促开荒。农业经济没有土地怎么生产？《中庸》讲有土斯有财，没有土地财从哪里来？现在没有土地，种不了田，还可以上班，到中国电信上班，到中国联通上班，收入可能比种田还要高，可过去没有工商业，那怎么办？经济靠农作物来发展，所以农田一定要开发，荒地谁开垦，政府就配给谁。在这样的鼓励下，曹操把整个北方安定下来了。

把北方安定下来，督促开荒，推行法制，提倡节俭，使受到大破坏的社会能够安定发展，这是曹操的功劳。

可是，后来曹操为什么还是没有统一中国？有几个问题存在。我们来看看他的缺点，因为一个人有优点，一定也有他的缺点。

第一个缺点，曹操有时候心狠。攻打徐州陶谦的时候屠杀数十万。我们刚刚讲他不是纳降卒嘛，可为什么对陶谦他不这么做？因为曹操的父亲一族全部死在陶谦手里，那种恨导致他屠杀。历史学家评判曹操，说这一点他做错了，让他失去了很多机会。几十万大兵纳入你的军队多好，把他们杀掉了，导致整个河流全部堵满了，都是尸体。刘备就没有他这么狠，如果够狠的话，诸葛亮给他很多谏言，像荆州，当时诸葛亮建议他取刘表而代之，刘备不敢做，在徐州叫他取而代之他也不敢做，这个不敢，那个不敢，机会就流失了。兵法讲道、天、地、将、法，天除了指天气外还包含机遇，机不可失，机会一旦失去了，不会再来。刘备失去了很多机会，可是曹操不会放弃机会，有机会绝对把握住。所以为什么三国里面魏国最强，最后统一中国的还是他——当然是司马氏统一的，不是曹操，但仍是魏国人出来统一的。

曹操心狠，他杀了很多人，只要能为他所用的就为他所用，愿意留的，就留下来，不可留的，杀。他不客气，宁可除掉。荀彧为他卖了一辈子的命，只因为在封魏公的时候反对他，最后被毒死了。反对他、离开他的，就要铲除掉。因为你不能为我用了，一旦被别人用，对我就是威胁了，所以这一点，他太狠了。

第二个缺点，为什么失去典韦，失去儿子？讨张绣本来可以一举成功的，还要讨第二次，这就是曹操的最大败笔——好色。有一部书叫做《素书》，就是黄石公交给张良的一部书，里边有几句话可惜他没做到。第一句话，“绝嗜禁欲，所以除累”。人有很多不良的嗜好、过多的欲望，一个领导人一定要克制，否则会变成你的累赘，将来影响到你的成败，影响到你企业的发展。第二句话，“抑非损恶，所以让过”。抑非，人有不好的习性、不好的行为，一定要赶快改掉，否则积习难改，就会误事，领导人要改掉这些，因为大家都看着你，领导人如此，下边的人就会跟着做，文化就是这样形成的。所以不好的习性、不好的行为，一定要赶快改过，免得将来阻碍自己的发展。第三句话，“贬酒阙色，所以无污”。什么叫“贬酒阙色”，酒跟色是一个企业领导人、一个组织领导人最大的杀手，如果不克制会给自己的将来留下污点，曹操就是这三个没有做好。在攻打张绣的时候，曹操看到张绣的婶婶长得漂亮，就纳为已有。这下把张绣惹火了，欺我太甚，欺我张家太甚，所以才会突击曹操，造成典韦的死亡，很可惜。

第三个缺点，在铲除异己上够狠毒。曹操有一句话，“不能用之，则杀之”。这有点像当时魏痤给魏王讲的话，他推荐卫鞅给魏王的时候讲过一句话：“我死后你就举卫鞅为相，卫鞅的才华十倍于我，你要能用卫鞅，魏国的国力将十倍于现在。你要不用，就干脆把他给杀了，免得他跑到外国去为外国所用，危害魏国。”可是魏王没有这样做，最后商鞅跑到秦国去，果然危害了魏国。

曹操以历史为鉴，他历史读得太多了，但古人读书其实比较单纯，又不用读数学，不用读物理，不用读化学，不用读政治，那读什么？就是读历史、兵书这一类，都是经世致用之学，从里边汲取教训，马上可以用的，像荀子、韩非子，都是马上可以用的，不是拿来做文学欣赏的。曹操很清楚，所以“不为我用者，则杀之”，不能让他们变成商鞅，危害我。所以到后来，孔融被他杀了，许攸被他杀了，荀彧被他毒死了，杨修被杀了，张松被害了，当他发现有才华的人有问题时，就把他们统统铲除了，这就是他的缺点。

曹操还有一个很大的缺点——没有教育好孩子。曹操的孩子，曹昂战死，曹丕、曹植内斗，曹熊无能，曹彰无谋，所以才导致曹操传几代就没有了，不能像汉朝这样永续经营。要永续经营，培养人才、培养接班人太重要了。可古代那个时候接班人哪里来的？自己的孩子。没有教育怎么办？中国历代王朝后期的垮掉都垮在哪里？刚开国的时候都很好，可为什么后来那些孩子都不行了？从现代教育学观点来看，一个人的人格发展有没有成就，有两个体系，一个是遗传，一个是环境。如果父母的基因不行，遗传有问题，就会智商低，情商低。环境最重要的就是教育、辅导跟文化的熏陶，我们中国人在这个文化里面熏陶出来，美国人在那个文化里面熏陶出来，很多行为模式都不一样，文化熏陶的过程就是通过教育跟辅导的手段把它建立起来。可古代帝王哪里有时间去教育孩子？嫔妃这么多，太太这么多，孩子生那么多，甚至连名字都叫不出来，哪里有时间教育？孩子的教育丢给谁？宫女跟太监。宫女跟太监本来就不是很正常的两群人，让不正常的人去教育你的小孩，小孩怎么会正常呢？曹操每天打仗，哪有时间教育孩子，所以对孩子的教育失败了，很可惜。

如果用今天教育学理论概论的话，一个孩子的发展过程当中，从出生到六岁，是他的人格的形成期。曹操天天打仗，小孩从出生到六岁，哪有可能陪着啊，不可能，他确实有困难，也不能太怪他。从出生到一两岁的时候，是认母跟认父的关键期，父母亲最好把孩子带在身边，别让他认父、认母认错了。可是现在很多父母把孩子丢给阿姨，丢给幼儿园，丢给老人。孩子认父、认母有没有认错，你看他在最危急的时候喊谁就知道了，孩子在最危险的时候一般喊“妈”，如果喊奶奶、爷爷、阿姨，完了，孩子认父、认母认错了。孩子认父、认母认错以后，将来逆社会行为跟反社会行为会很强，跟父母的心理疏离度会很远，表面上我知道你是我的父母，可心理上，你不是。这样一来，孩子怎么教得好？到了三岁，从原来的口腔期与肛内期慢慢变到性器期，慢慢开始角色认同，开始认同是男是女。这个时候如果没有教育好，就会出现各种各样的问题。

曹操的儿子，尤其是曹丕跟曹植两个人斗，斗到最后，曹植写出《七步诗》：煮豆燃豆萁，豆在釜中泣。本是同根生，相煎何太急。就是教育没有做好，这是曹操另外一个败笔，导致在永续经营中出现问题。

纵观曹操的一生，我们从管理的角度分析了他人格的特质，分析了他在战略和谋略上的运用，而不是只看他在历史上做过哪些事情。别忘了我们学历史的目的是什么，是从历史人物的成败当中去学到能够为我们所用的一些策略、一些技巧、一些谋略，而不是光去看看他那个过程是什么，当做文学欣赏就过去了，那就没有意义了。历史是让我们学到应该怎么去运用。后人对曹操的评价非常多，我们是根据了他的人格特质、他的管理模式、他的谋略、他的用人、他的优缺点，对他做了一个综合的整理。曹操的人格特质，可以用的，我们拿来用；他的缺点，该避的，我们避。希望对曹操的这样一个简单的介绍，可以对我们有一些启发。

关于曹操，就简单地给各位介绍到这里，非常感谢各位来宾、感谢电视机前的观众，谢谢！

诸葛亮

丞相祠堂何处寻
锦官城外柏森森
映阶碧草自春色
隔叶黄鹂空好音
三顾频烦天下计
两朝开济老臣心
出师未捷身先死
长使英雄泪满襟

三顾频烦天下计

诸葛亮

各位来宾、各位电视机前面的朋友，大家好！今天我们共同来讨论另外一个人物——诸葛亮。

诸葛亮在亚洲社会为很多人所熟知，包括日本人、韩国人，连越南人都知道他。让诸葛亮真正出名的不是《三国志》，而是《三国演义》，《三国演义》把他捧得很高，变得跟神一样，但事实上他并没有像《三国演义》中写的那样神奇。我倒认为真正厉害的是罗贯中，书里面很多计谋都是他搞出来的，什么草船借箭啊、什么空城计啊、什么博望坡之战啊、什么舌战群儒啊，都是罗贯中写出来的小说跟题材。这说明真正了不起的是罗贯中，不是诸葛亮。今天，我们按照整个正史来看看诸葛亮，我们很客观地、理性地来看他。

我们还是一样，从管理的角度来看这个人。我们学历史的目的，就是把历史人物作为一个借鉴，让他在生活中、在管理中为我们所用。

我们首先介绍诸葛亮的生平。诸葛亮生于公元 181 年，死于公元

234年，大概在虚岁五十四岁、周岁五十三岁时死在五丈原，结束了他轰轰烈烈的一生。诸葛亮的出身其实很苦，没有像一般人讲的那样顺。八岁的时候，他的父母就已经不在了，由他的叔叔诸葛玄把他带大。诸葛亮有兄弟三个人，他排行第二，还有两个姐妹，五个兄弟姐妹就跟随着叔叔，叔叔很照顾他们。所以他的出身环境并不是那么好，再加上当时的中国正处于大混乱时期，我们中国人有一句话：时代考验英雄，英雄创造时代，就是这样的环境和这样的家庭，才造就了一个这样了不起的人出来。孟子有一段话："天将降大任于斯人也，必先苦其心志，劳其筋骨，饿其体肤，空乏其身，行拂乱其所为，所以动心忍性，增益其所不能。"一定是这样把他锻炼出来的。

当时的大环境是天下大乱，党锢相争，朝廷腐败，又有黄巾起义，在这种大乱的情况之下，诸葛亮流离失所。在他十岁那一年正好是关东起兵，曹操讨伐董卓，双方大战。于是诸葛玄就带着五个小孩投靠袁术。没想到去了没多久，袁术死了。诸葛玄再带着孩子们到荆州，因为跟刘表熟，就投靠荆州刘表。投靠刘表后没多久，诸葛玄死掉了，那时候诸葛亮十七岁，哥哥诸葛瑾离开家到东吴谋发展，所以诸葛亮只好带着弟弟、姐妹到南阳耕读，一面耕种养活自己，一面用功读书。

我们看看正史里面的记载，诸葛亮读了哪些书。先秦的著作《韩非子》《荀子》《孙子》《吴子》《尉缭子》，各种兵学，诸子百家他全读，这才造就了诸葛亮渊博的知识，有足够的知识才能让他有足够的能力去判断天下的趋势怎么发展，才能造就他超强的预见能力。所以成功的领导人基本上个性都差不多，都是那几个特征，预见力一定有，广博的知识一定有。一些老板以前做企业很成功，那是在我们中国20世纪90年代刚改革开放的时候，是市场的成功，因为刚刚开放，你有什么都很好卖，所以企业很容易发展起来。可是当大家都发展了之后，竞争开始了，就会进入第二个阶段，叫做管理的成功。这个阶段是比管理的，谁管理赢，谁是赢家；谁管理输，谁的企业就会垮。这时候管理要赢，就不是像以前一样，只是靠卖东西就行了，而是要看对内部怎么管理，老板有没有广博的知识去把内部整顿起来、充实起来，这就叫做培养实力，培养核心竞争力。一个人没有核心竞争力，成不了大业。诸葛亮在耕读的时候培养了自己的核心竞争力。以现在的管理学专有名词来说，核心竞争力包括了几个条件：

第一个条件就是广博的知识，这个他具备了。

第二，很好的沟通能力，语文能力、表达能力要强。《三国志》里虽然没有描述舌战群儒，但是有一段诸葛亮和孙权的对话，讲他怎么样去说服孙权，让孙权愿意听他的，去跟刘备联盟。除此之外，他还要能够说服关羽、张飞，因为他是空降部队，是突然插进来的，本来刘、关、张是一组的，这一插让关羽和张飞怎么受得了？就像在企业，本来有个位置你以为是你的，突然从外面插进来一个人，这个位置变成了他的，你怎么受得了？所以必须要能够以自己的才华让同事们信服，这个才华就是核心竞争力。

第三，志向广大。我们教育孩子也是一样的，从小就要有个目标。现在很多大学生，我问他们："你大学毕业做什么？""不知道。""将来要做什么？""不知道。"一个人最怕没有发展目标，如果小时候在父母引导下就定下一个目标，朝这个目标去奋斗、去努力，这孩子就会有成就。所以我们在带孩子的过程中常常可以问他："你将来想做什么？"是问他，不是去逼他。然后跟他们好好地谈，既然有这样的目标，该怎么去实现，对孩子加以引导。我的小孩从小跟我吃饭的时候我就问他：

“将来想做什么，告诉爸爸你想做什么，怎么做，你有没有打算？”从小学一二年级时我就跟他像大人一样谈话。千万不要用孩子的方式跟他谈判，那样会使他的社会性发展得太慢。不要怕孩子听不懂，就是要用成人的方式跟他沟通，让孩子发展。孩子的社会性发展得快，对前途有所了解，目标能确定下来，他自然会去努力，这叫立志。诸葛孔明早在十几岁耕读时就已经确立了志向，所以常常自比管仲、乐毅，我要做管仲，我要跟乐毅一样，他们能我为什么不能？所以有一句话：舜何人也，禹何人也。舜是什么样，禹是什么样，只要我有为，每个人都一样，我肯努力，都做得到。“有为者亦若是”，所以他自比乐毅、自比管仲，他更立下大志，要让中国早日统一。但他又不像别人，想当皇帝，他知道自己没那个能耐。所以人要了解自我，知道我能做什么，我要做什么，我不能做什么。有能力的，去追求；没有能力的，不要去妄想。所以他知道自己不可能像曹操那样去募兵，把人员募来。他没钱，怎么去募兵？募兵要有钱的，他没有办法那样做。可他知道，学好了可以遇到个明主，可以学张良、学管仲，遇到个明主，就可以辅佐他，早日使中国统一，解除老百姓颠沛流离的痛苦。

第四，立下志向，改革时弊。从桓灵二帝之后，朝廷的整个政策垮了，整个社会崩溃了。后人是这样描述当时的社会的：一个毒瘤，两个动荡，三个对立，四个崩溃。好像每个王朝末年都会碰到这样的情况，所以到了明朝末年，袁崇焕告诉崇祯：“我们跟汉朝末年没什么两样。”

一个毒瘤，什么毒瘤？党争。组织内部一旦党争、一旦不和，这个组织必然崩溃，在管理上最怕内部的分裂。所以毛泽东没讲错，摧毁碉堡要从碉堡的内部，而不是从碉堡的外部。让这个组织内部自己产生分裂、自己去斗，自己垮了，就可以根本不费吹灰之力地把它吃掉了。翻开历代王朝的历史，所有王朝的垮台都是因为一个毒瘤：党争。汉朝四百多年为什么垮？党争。外戚跟宦官斗，都想把对方斗垮，自己来掌权，哪有谁去想为国家做事情。把所有的精力都用在斗垮对方上，而不是用在建设国家上，汉朝末年就完了。

同样，唐朝怎么垮的，牛李党争；宋朝怎么垮的，新旧党争；明朝怎么垮的，东林党党争；清朝怎么垮的，改革党、保皇党党争。这些王朝都是被党争这个毒瘤搞垮的。

党争一旦出现，内部就混乱了，两个动荡之一——内部的动荡就出来了。

外族一看你乱了，你不行了，就侵略你、欺负你了。所以汉朝的匈奴，宋朝的辽、夏，明朝的女真即清军，统统过来了，这就是第二个动荡：外部的动荡——一个内忧、一个外患。

在党争这个毒瘤之下，国家没有建设，经济一旦出问题，就会有腐败出现，法制松弛，造成君跟臣对立，官跟民对立。中国是一个多民族国家，还会造成民族之间的对立，这是三个对立。

最后是四个崩溃，汉朝末年是不是崩溃了？军事崩溃，军阀割据；经济崩溃，穷困不堪；社会崩溃，制度瘫痪；到第四个崩溃，体制崩溃，一个国家最怕体制崩溃，体制一崩溃，国家就解体。汉朝末年这四个崩溃全部出现了，全部来自一个毒瘤——党争，外戚和宦官的党争。

诸葛亮就处在这样的环境下，他知道这样的时弊造成的弊端太多了，所以他发誓一定要把国家整合起来，一定要把所有的弊端都革除掉。但是要这样做，你得有机会到那个位置啊。可那时候没有科举考试，推举也没有了，怎么办呢？看有没有人去举荐你。所以他广交天下豪杰。诸葛亮在南阳躬耕的时候广交天下豪杰，像蒯琪、庞统、徐庶、黄承彦等。黄承彦是个有才华、有学问的人，诸葛亮不但跟他结交，最后还娶了他的女儿，叫黄硕。这后来成为一个美谈，一个关于夫妻的美谈，这说明诸葛亮的高风亮节。我想各位可以从正史里去了解，诸葛亮的太太长得好不好看？非常高壮，身高超过一米七，虎背熊腰，皮肤很黑，头发是黄色的，又很粗糙，长得非常不好看，可是非常有才华。诸葛亮因为喜欢她的才华，所以娶她了。他考虑到遗传的问题了，太太脑袋好，遗传的孩子聪明嘛，将来能上北大、清华嘛，就结婚了。太太这么丑，人家却还是相敬如宾，是宾客的宾，不是结冰的冰，别搞错了，有些夫妻是相敬如冰，像冰块的冰一样，没有感情的。诸葛亮夫妻两个好得不得了，诸葛亮从结婚到老都没有外遇，干干净净的，人格上没有缺点，真的做到了"贬酒阙色"，不喝酒、不近女色，他们也成为中国历史上的夫妻典范。

诸葛亮娶了黄承彦的女儿黄硕，又结交了崔州平、司马徽等人，结交了这么多朋友，后来才有机会被举荐。谁帮他举荐的？主要是两个人，一个是徐庶，一个是司马徽。刘备所倚重的原来是徐庶，徐庶原来在帮刘备奋斗的时候，帮他破了曹操的很多军阵，曹操知道刘备有这样的人，就用计把徐庶给诓过去了。刘备在送徐庶的时候边走边哭："你走了我怎么办啊？"组织没有人才，我怎么办呢？两个组织竞争，说白了是人才的竞争。你的品质管理人才比我好，你的品质就比我好；你的营销人才比我强，你的市场占有率就比我高；你的研发人才比我行，你产品的发展速度就比我快。这是没有办法的，社会的竞争就是人才的竞争。现在徐庶走了，刘备说我怎么办呢？徐庶举荐了一个人，一个叫诸葛亮的人。徐庶说："这个人是个绝代奇才，功力十倍于我啊！刘先生，你赶快找到这个人啊。"刘备听了听，实际上还没有那么相信，"大概是你要走了想安慰我，才跟我讲这个人嘛。是不是真的这样，我怎么知道？至少你在前面指挥作战，破了曹军的军阵，我看得很清楚。可诸葛亮我不认识，也没听过，电视上也没报道过，我怎么知道行不行呢”。后来碰到司马徽——水镜先生。司马徽跟他讲，诸葛亮是“经纶济世之才，得之可安天下”，你只要能得到诸葛亮，我保证你可以安天下。

刘备一听，这个人真有这么好？徐庶跟我提过他，先生你也提过。既然有两个人推荐，刘备相信了，于是就有了后来的三顾茅庐。三顾茅庐的故事我们都很清楚了，过程不谈，就谈诸葛亮这个人的预见能力有多强，他早就预见到天下三分之势。他跟刘备讲，“为什么你会流离失所？因为你身边没有人才”。刘备点头：“司马徽也这样讲。不过我怎么会没有人才呢？我有关羽，我有张飞，我有赵云，我有简雍这一批人，我怎么会没有人才呢？”“唉，关羽之流乃冲锋陷阵大将之才，但不是帅才。简雍这些人只是舞文弄墨之才，不是谋略之才啊。他们这些规规矩矩的文人做做公务员可以，但是不可能帮你开创一片天地。”

当年刘邦在汉中的时候，每天都看见他的部队在训练，樊哙带着一批部队，每天摔跤啊、箭戟啊。刘邦每次只要看到这些训练就摇头叹气，只有萧何知道他在想什么，刘邦问萧何：“你知道我为什么叹气吗？”萧何说：“我知道啊，主公，我很清楚，这一批都是冲锋陷阵的将领，却不是运筹帷幄之才，大兵团作战需要运筹帷幄，统一江山后还得建设国家，所以要有一个能够出将入相的人才，你没有。”萧何厉害，一下就说出来了。刘备就是不如刘邦，他看到关羽这些将领在练兵就很满足了，就不像刘邦，会叹气。能够开拓市场、占领很多市场份额的这种营销人才，不一定就是能够当总经理的人才，他们是完全不一样的人才。运筹帷幄是看到整体的，不是光看到片段的。所以诸葛亮说，“你没有这样的人才，如果只是冲锋陷阵，两个大将对砍，那你有关羽这些人才就够了，但问题是你没有运筹帷幄之才”。

我们做企业诊断，看到公司的股票飘红就以为企业运行良好，看不出问题所在。诸葛亮不出门就能知天下事，因为他平常不但书读得多，还上网查各种资料，一天读好多报纸，又能靠结交天下朋友了解很多事情。因此他跟刘备讲，你现在的第一要义，是要有一个运筹帷幄的人才帮你整合你的部队；第二，你得有根据地，没有革命根据地你打什么仗啊？你为什么流离失所，一下投靠这个、一下投靠那个，到处蹦来蹦去？就是因为你自己没有根据地啊。革命没有根据地行吗？毛泽东为什么成功，因为他早知道这个道理，就是一定要有自己的根据地。孙中山打了半天不行，后来也不得不建黄埔军校。没有自己的子弟兵、没有根据地，总是依靠别人哪行啊。

可是根据地在哪里建立？北方有曹操，刘备一无所有，怎么去跟曹操争？人家东吴世世代代在这里，早就站稳根基了，那里也没你的戏唱了。唯一可能的就是荆州。现在荆、益二州曹操、东吴都未染指，可是他们早晚要去，总有一天这一块是他们必吃的。尤其是益州，沃野千里，是经济发展最好的地方，是粮草的补充基地。荆州则南据长江、北据渭水，进可攻，退可守。这两块又连在一起，一旦能够完全占领作为你的根据地，你才有兵源、才有经济的发展。尉缭的兵法第一句就讲了，“土者，民之本”。土地是人民的根本，国家的根本，所以要有土地，土地就是根据地。

第二句，“民者，兵之源”。刘皇叔，你为什么老是没兵呢，人家都是几十万，你总是两三千人跑来跑去，打游击战、打运动战，这怎么能行呢。兵源在哪里？老百姓。没有土地就没有老百姓，没有老百姓哪有兵源？所以民者，兵之源。

可是有土地了，你还得把人民留下来。没有农作物，人民怎么留？古代是农业社会，所以“积者，国之固”，积，积蓄的“积”，现在翻译成经济，经济是巩固国家生存的根本，经济要强大。根据地、土地你有了，人才有了，人民有了，经济稳定了，才能形成一个国家，才有能力和人家抗衡。所以土地要越大越好、人口要越多越好、经济要越强越好。三个条件，少一个免谈。

现在美国衡量国际强权也是用这三个嘛，土地要大，人口要多，不能少于一个亿，经济要强，三个条件都具备了，才能拥有世界强权。

我们来看看印度大不大，大呀，土地大呀，人口多呀，可经济不行啊，靠边站，印度只能靠边站。

巴西，土地大不大？大啊，南美第一大国。人口多啊，三亿，可经济不行，靠边站。

加拿大，土地大不大？大啊，经济可以啊，但人口太少，两千万，少一个，靠边站。

澳大利亚，土地大啊，经济可以啊，可是人口太少，怎么办？又少了一个，靠边站。

美国，土地大，人口多，经济强，叫山姆大叔。

作为中国人，过去人家瞧不起我们是为什么？我们土地大不大，大；人口多不多，多。可经济不行。现在不一样了，土地大、人口多，我们 GDP 总量排第二了，全世界第二位。过去谁去提你中国啊，可是新中国建立到现在不过短短几十年，外国称为奇迹啊。新中国建立不过五六十年，从一个废墟、一个饱经战乱的国家一下子变强大了，土地大、人口多、经济强，三个版块啊。

诸葛亮跟刘备讲，只要你取到荆益两州为基地，必然成就天下三分之势。曹操居北方，孙权在江东，你居这一块。曹操势力最大，不要忘了，要懂得统战，要建立一个中心敌人，去联合次要敌人共同对付他。所以要联合东吴共同对付曹操。你得按照我的步骤去走，先取荆益两州做根据地，广纳人才。再利用这两个险要的地方发展经济，把国家稳定下来。人口得以生息，经济得以发展，兵源得以充足，这样“生聚教训”，一旦机会来了，天下有动，你掌握机会，就东出祁山、统一中国、恢复大汉。刘备一听，哎呀，好高兴啊，你讲得都对啊。你想诸葛亮要是没有丰富的知识、没有好的口才、没有好的表达能力，怎么能把刘备说服？有些人书读得很多，可是教书教不好，为什么？表达能力不行。有些人口才很好，虽然没有真才实学，也可以把死人讲活。但诸葛亮是两者兼备，肚子里有东西，又能讲。终于把刘备说服了，所以出来了。

诸葛亮教刘备一步一步怎么做。第一步，先取荆州。诸葛亮告诉刘备，荆州刘表为人懦弱，前妻生的儿子叫做刘琦，现在的蔡氏是第二任夫人，生的儿子叫刘琮，这第二个儿子没什么用，因为是被宠爱长大的，什么都不会，都听妈妈的，这孩子没出息，你别理他。可刘琦为人仁孝，又有能力，你好好联合刘琦，干脆在荆州取而代之，你是皇室宗亲，取得合情合理。刘备一听，这个事我不能干，不仁不义嘛，我抢兄弟的地位和财产啊，这个我不能做。当时如果刘备把荆州抢下来，东吴怎么会强调荆州是我的，是我借给你的？就不会有这个问题，如果没有这个问题，关羽也不会败死麦城。所以刘备的问题是懦弱，他没有曹操那么狠，如果是曹操早就吃下来了。刘备没这么做，才造成后来蔡夫人向曹操投降，但是后来蔡氏和孩子都被曹操毒死了。

刘琦是刘表的长子，但是没地位，因为不是蔡氏亲生的，而且随时可能会被加害，就因为这样，刘备才能够联合他。刘琦也感到自己危险了，随时可能被蔡氏除掉，所以每次见到诸葛亮，都问他："诸葛先生，我的处境凶险啊。你能不能教我，我该怎么做呀？"诸葛亮都不讲话、不回答他，"这是你们的家务事，我不管"。刘琦数次问诸葛亮，他都不回答。其实诸葛亮不是不回答，而是等时机，看他是真心还是假意，搞不好你是代表刘表来测我的，搞不好把我砍了怎么办？所以他不讲。

有一次刘琦故意请诸葛亮过来一起喝茶，喝完了以后请他到阁楼上坐坐，没想到到了阁楼以后刘琦把梯子撤走了，对诸葛亮说："诸葛先生，我处境凶险，你看我该怎么办？"

诸葛亮还是说："那是你的家务事，我不能回答你。"

刘琦说："先生，我把楼梯撤走了，你要不回答，我让下人放把火，我们全部烧死在这里。请你告诉我！"跪在地上求他。

诸葛亮一看刘琦是有诚意的了，"哎呀，赶快起来，赶快起来。你想一想，春秋时代晋献公娶的骊姬，生的儿子叫奚齐，骊姬想立奚齐为继承人，所以毒死了公子申生，可公子重耳为什么没死呢？你仔细想想"。

刘琦一听，"对啊，重耳跑了"。

"那你就该知道怎么做了。"

"可是先生，我跑到哪里去呢？"

"江夏太守新败，死于东吴的手里。你不妨跟你父亲要求，江夏乃是重镇，需要有重兵屯在那里保护荆州，你身为儿子的，为父亲操劳是应该的嘛。要一支部队赶快过去。蔡氏会因为你的离开而感到高兴，也不会阻挠你的。"

这下刘琦清楚了，一再磕头说谢谢。回去跟刘表讲，"父亲，江夏不能没有人守啊。我当儿子的本来就应该为父亲操劳，让我率军去保江夏吧”。父亲刘表很高兴，蔡氏也高兴，马上给了他两千兵马，刘琦走了。诸葛亮又教刘备：“你也借口跟刘表要点兵，以保护他为由，让他分点兵出来变成你的兵，不然你没兵怎么打仗?”刘备也跟刘表讲，“我们兄弟一场，我应该为你分忧解难，荆州是重地，理应重点防御，否则曹操南下了，东吴又觊觎，怎么办？我愿意跟你孩子共守江夏”。刘表说“那好，给你五千兵马”。刘备就带五千兵马走了。

这种沟通的技巧、谈判的技巧，我们称做“寄生技巧”。这一点诸葛亮做得很漂亮啊，他谈判时用了很多这个技巧。什么叫寄生技巧？我有我的目的，你有你的目的，可是我要说服你来配合我的目的，但是又不说出我想要的。我举一个台湾的例子。

“报告董事长，大陆发展得这么快，我想我们公司往大陆转移投资是必然趋势，可是那个地方是一个新的地方，充满了风险和陷阱，我们一定要谨慎评估那个市场，了解危机、陷阱在哪里。可是董事长你这么忙，哪有时间去？我愿意替你走一趟，做完调查回来向你汇报。”其实他很想到大陆来玩一玩，又不想自己花钱，怎么办？他没有说玩啊，他说“董事长，我不能不来调查啊，为了公司的发展需要啊”。老板说：“很好，你去。”现在很多地方不是都玩这招儿嘛，说出国考察，都是玩玩去的。这就是寄生技巧，表面上是帮刘表，可实际上是扩充自己的实力，而刘表还以为是在帮助他，部队也给了。

就这样一步一步来。接着他又教刘备把荆州外围慢慢占为已有，都占下来了。可是刘备部下就那几千兵马哪儿够？打仗嘛，流离失所的人多不多？太多了。诸葛亮马上教刘备以土地改革授田为由清查户口，所有流兵都来登记户口，登记完了以后，只要体形可以的壮丁，不管几岁，统统征调为兵。刘备的部队一下子扩充了三万人。这就是谋略，诸葛亮很聪明，清查户口，征兵，配田，稳定，慢慢把荆州一块一块吃下来，变成自己的根据地。

结果，蔡夫人向曹操投降，又怕刘备知道，故意等到曹操来了才告诉刘备，让刘备措手不及，这才有后面的长坂坡之战。

接着就是赤壁之战，曹操平定北方后大军南下。这一南下如果东吴灭了，刘备也就没了，何况荆益两州还不完全在他手里，尤其是益州的刘璋还在，刘备没有机会啊。怎么办？唯有联合东吴共同抗曹。可东吴分两派：一派主和，和是好听的话，说难听就是投降嘛；一派主战。到底是和还是战？诸葛亮去了，亲自见了孙权，舌战群儒那是《三国演义》里写的，可是舌战孙权那是真的。孙权不是呆子，我跟你联合，万一我输了怎么办？何况你刘备到底有多少人马，我有多少人，他心知肚明。你有多少能耐、你有多少核心竞争力，大家都知道嘛。

诸葛亮还是用寄生的办法跟孙权谈。孙权说你看，我是战还是和？其实孙权是摇摆不定。诸葛亮说，你世代居吴，土地广大、人口众多、经济富裕，难道你就愿意眼睁睁地把这一大片土地跟几十万人口拱手让给曹操？不战而降？

孙权说，可是很多官员都讲，投降了，生灵免于涂炭。诸葛亮说，是啊，主公，你有没有想过，如果投降，所有的官员都可以保住原职继续留用。可你呢？难道曹操会让你继续当吴侯，守着这一块土地？不可能。一定会把你迁到许都去。到那个时候你孤身一人到了许都，表面上是奏请中央，汉献帝给你封个大官，把你封到许都去了，可你一旦离开江东，还有什么力量？生杀大权在人家手里呀，那些大臣是为了自保投降的，官位还在，可是你作为主公的生死，他们不管不顾啊，你想过没有?

孙权一想，对啊，他们投降了官位还在，我到许都去，哪天被毒死都不知道。那个蔡夫人跟她的儿子不就是这样的下场嘛，降了荆州献了城，结果被毒死在路上。我调到许都，也许还没过长江就死了。

诸葛亮说，我同意你讲的。所以，主公，跟刘备联合是为了你。其实诸葛亮是为谁?还不是为了刘备嘛，这又是寄生技巧，我只谈你的愿望，不谈我的，把我所要的寄生在你要的里面。当你的愿望完成了，我的也顺便完成了。

孙权一听，点点头，但还是没有明确表态。诸葛亮说，主公，如果你还是这样踌躇不定，那不如投降算了。孙权一听，那刘备为什么不投降?诸葛亮说，刘备乃汉室之后，你想当时田横为了节操都可以不降，刘备是汉室之后，他难道就没有这个节操?!孙权一听，哦，你们主人有节操，我就没节操?更想打了。如果真要我和刘备联合，可以，可是刘备有什么力量?他还能打吗?他不是输得一塌糊涂了嘛。诸葛亮说，不不，主公，刘备不是输，他是顾及流离失所的百姓，带着百姓走贻误了战机，要不然那一战怎么会输?这么仁慈的人你不合作还跟谁合作?何况刘备现在还有关羽、还有张飞、还有赵云，还有几万的部队，你不要小看这几万人的部队，都训练有素，是一支可以联合的力量啊。

孙权一听，好像也对。不过曹操有百万之众。诸葛亮说，主公，曹操虽有百万之众，这百万兵哪里来的?除了原来的青州兵那么一点点，一小股势力外，其他是接受袁绍的、接受袁术的、接受刘表的，是乌合之众。军心还没有统一，思想还没有统一，信仰还没有统一，再加上从北方一路赶过来，轻骑日赶两三百里，到了我们这里已经是强弩之末了，连个驴皮都射不穿了，部队疲惫不堪啊。在古代可没有火车运兵啊，从北方跑到南方去打仗怎么打？又没有高速公路，那翻山越岭啊，都是强行过去的，穿的鞋子质量也不好、装备也不好，武器又重，背着刀、背着剑，这样日行两三百里，到了南方还能打仗？疲惫不堪啊，人一疲惫，抵抗力减弱，一定容易染病，再加上水土不服，哎呀，我的大人，这种部队还能打仗吗？你趁他军心未稳，疲惫不堪，以东吴这么强大、这么爱国、这么信仰一致、这么众志成城、这么高素质的部队，怎么会打不过？兵法有云：以虞待不虞者胜。胜方在我不在对方啊。这下更坚定了孙权的信念了，好，就这样，定下来了。

诸葛亮分析问题的能力没话说。为什么他的分析能力强，因为他学问太广博了，没有广博的学问哪有这么强的分析能力？加上他智商也高，情商也高。所以人不但要有 IQ，还得有 EQ，智商、情商都需要。情商就是心理学讲的人格成熟度，诸葛亮那个时候才二十几岁，能有这么高的人格成熟度，成熟、稳重，真不容易啊。从三顾茅庐到取荆益两州，再到赤壁之战，这是诸葛亮的第二段。

赤壁之战打完了，周瑜一路往北追，诸葛亮却劝刘备，你别往北追，你往南抢土地，抢荆益各州、各城。因为这样才跟孙权、周瑜结下梁子的；也因为这样，刘备占领了大片土地，兵也多了，人也有了，才有实力在后来跟孙权谈判。没有实力怎么谈判呢？我们现在跟美国谈判，美国愿意跟你谈、愿意让步，那是为什么？因为中国的综合国力起来了，实力决定一切，没有实力什么也谈不了，没人理你。

刘备的实力发展到这个水平，用了前后十年。诸葛亮帮助刘备在十年之内把整个基地建立起来了，接着再取四川、取益州。当然取益州是运气好，正好遇到张松来献图，张松这个图本来是要献给曹操的，可曹操傲慢嘛，算了，我去见刘备。刘备听从诸葛亮之计，对张松恭敬得不得了，让赵云出城三次迎接他过来，住最好的宾馆，七星级的，把他可算安顿好了，所以他才很高兴，哎呀，刘备真是个好人啊！刘备见到他赶快敬礼，这可是上对下敬礼啊，因此张松更敬佩他是仁义之师，把图献出来给他看，还教他怎么把部队带进四川，从什么路进去。张松一方面说服刘备进去，一方面告诉刘璋，若曹操来犯，唯有联合刘备才有希望。让刘璋不得不把很多土地交给刘备去防曹操，使刘备可以牵制、蚕食益州，到后来干脆侵吞了。不过后来事发了，张松跟诸葛亮、刘备他们来往的信件被刘璋知道了，张松被杀，刘璋跟刘备对敌。最后刘备围成都，后来还是劝降把刘璋劝出来，让他投降了。就这样，荆、益两州在诸葛亮的运筹帷幄之下终于变成了蜀汉的土地，三国鼎立的局面从此形成。

诸葛亮看看差不多行了，下一步就是取汉中，汉中取下之后，接着再取南中。什么是南中？四川跟云南、贵州交界的这一片，有很多是少数民族地区，语言不通，文化也不一样。五月渡泸就是这个时候的事。下南中的时候一个谋臣马谡向他建议，宰相，南中是少数民族地区，取南中要的是民心、土地，土地跟民心一旦得到，将来北伐，我们才无后顾之忧。我们打仗就怕有后顾之忧，所以南中一旦稳定，不但经济跟兵源无缺，而且毫无后顾之忧。所以应该是攻心为上、攻城为下，心占为上、兵占为下。这就是博心战，现在所谓的心理战略，中国人早就讲了。诸葛亮一听，好，你想的正好跟我一样，我也这么想。所以才会下令对西南各少数民族的酋长能劝降的劝降，打败以后只要俘虏的一概优待。所以才有七擒七纵产生了，最后孟获不能不服啊。伏了孟获以后，诸葛亮玩了一招更漂亮的，干脆把孟获调到首都当大官。大酋长被调到中央当官，跟地方脱离了没有？跟原来他的部落脱离了没有？脱离了，从此无法再反。表面上给你当大官，官好大，哎哟，不得了啊，现在有这么多人服侍，孟获很高兴地去了，可是这一去就等于被软禁在中央了，整个西南才为蜀完全控制。

完全控制以后，诸葛亮在西南怎么经营？第一，安抚民众。少数民族政策做得好，让少数民族对中央完全驯服，得广设学校、教育群众。诸葛亮很清楚，文化要慢慢统一，语言要慢慢统一。文化和语言跟中央都是隔离的，政令怎么往下推？政令往下推还得找人翻译，多辛苦啊。苏联还没有解体以前，美国就预测它会解体了。为什么？苏联这么大，真正的俄罗斯人占不到人口的一半，只占40%，少数民族占60%，而且保留自己的民族语言。导致苏联的部队很可笑，立正，喊完了还得有人翻译。部队打仗还要翻译，怎么打？所以当时美国就估计苏联战斗力不行。可是诸葛亮早看到了这一点，语言统一、文字统一、文化统一，必须用教育的方式来实现。

第二，发展农耕、发展经济，让当地老百姓衣食无忧。还是同一招，清查人口、清查户口，让少数民族参军，由西南孟获的这些少数民族组成的这支部队，诸葛亮称为飞军，后来变成北伐的主力部队。所以当时的策略没错，攻心为上、攻城为下，心占为上、兵占为下，完全收服了这些人。一旦完全为你所用，那当然就不一样了。在这样的情况下，诸葛亮才敢北伐，因为西南已经没有后顾之忧了。

接着诸葛亮开始了五次北伐。可是很可惜，五次都以失败告终了，要是成功不就统一了嘛。五次当中有任何一次成功的，中国就统一了。可惜都失败了。

第一次失败是错用了马谡。马谡动脑子行，可是打仗不行。刘备跟诸葛亮讲过，马谡这个人言过其实，不可重用。我们讲诸葛亮会用人、会看人，可为什么在这个节骨眼上就搞错了？所以人不是永远正确的，犯一些毛病是必然的。加上诸葛亮有很强烈的先入为主的观念，他看到魏延，哎呀，一脸反骨，将来必反，所以一直不敢重用魏延。第一次北伐的时候魏延的谏言，如果诸葛亮采纳，可能历史就改写了。可是诸葛亮没采纳，因为不相信他、不信任他。《论语》有一句话，不以言举人，不以人废言。这个人很会讲话，你就用他？不，要观察。这个人你不喜欢他，他讲话你都不听？也不对。所以不能以言举人，不能因人废言。

诸葛亮让马谡守街亭，告诉他依水，一定要依水，部队没水你喝什么？可是马谡自作聪明，把部队拉到山上去了，张郃、司马懿一看，哪有这样打仗的？你没水喝怎么打？孟良崮一战和这次一样，张灵甫把部队拉到山顶上去，没水喝你还打什么仗啊？完了，全军覆没，最后不得不撤兵，以失败告终。其实还没打的时候，魏延给诸葛亮出了一个策略，说宰相，打仗要出奇制胜，攻其不备，我率部队，你给我五千人马就够了，不用多，我出斜谷偷袭进长安，你出祁山正兵而去，我们在长安会合。魏国毫无知情，而且两国很久没有打仗了，根本没有准备。可惜诸葛亮没听啊，只用声东击西的策略收复了几座城而已，没有真正达到战略目标。再加上马谡的错误，所以第一次北伐失败了。

第二次是 228 年，这一年年底接着第二次北伐。当时中央有人反对，有奸臣反对，认为你没有能耐，第一次北伐失败了你还谈什么第二次。在这样反对跟赞同两边相持的情况下勉强出兵，最后粮草不足，围陈仓二十天后自动撤兵。第二次北伐因粮草不足失败了。这次北伐损失惨重，回来后诸葛亮不得不检兵审将，严明赏罚，自己上书给自己贬官三级，宰相不当了，改当右将军。而且发布命令，让所有部队三军批评主帅，我诸葛亮哪里做得不好、哪里有问题，希望你们都提出来，不要客气，尽量提。诸葛亮用这样的方法来提醒自己，然后抚恤所有阵亡将士，拥军优属嘛。

这次回来诸葛亮开始总结教训，一年后开始第三次北伐。第三次北伐因为大雨，后来打不下去了，魏兵也退、蜀军也退，又结束了，所以第三次北伐草草了之。

到第四次北伐，经过了四年的总结教训，又考虑到粮草问题。因为第二次、第三次北伐都是因为粮草不足没打下去，所以粮草一定要够。诸葛亮学曹操，实行了屯田制，每进一步屯一步，让前线粮草充足，又为了运粮发明了所谓的木牛流马来运粮食，大破魏军，大破张郃，大破司马懿，眼看着快要成功了，最后到了决战，只要这一战成功了，魏军全部破了以后，就可以直取长安了，可是这时候诸葛亮突然接到中央命令，要他撤军。皇上来圣旨要他撤军，完了，只好撤了。这一撤才知道，是假圣旨。诸葛亮所用的一个督粮草的叫李平的人，因为办事不利，怕被谴责，干脆假传皇上诏书让诸葛亮撤兵。你看，可恶啊，这个人也是你用的，这种人还是你信任的人，还让他办粮草。因为这个事件，眼看要成功的事又失败了。第四次北伐又没成功。

这样只好又拖了三年，拖到234年，第五次北伐，跟司马懿僵持在五丈原，这次诸葛亮的部队士气高昂，战斗力又强，连打几个胜仗，逼得司马懿不敢动。司马懿也聪明，我干脆就不出来，怎么样，我就坚守不出来，任你诸葛亮怎么谩骂、怎么叫骂，甚至还送了女人的衣服过来，我就是不打，怎么样，大丈夫说不出来就不出来，你奈我何？不但这样，司马懿还很精，还问诸葛亮派去的送衣服的特使："你们宰相的生活起居怎么样啊？他几点睡觉啊？"表面上是关心，实际上是收取情报。

“我们宰相都是半夜两三点才睡觉。”因为军事繁忙。

“几点起床啊?”

“四五点就起床了，一天睡眠不过两三个小时。”

“吃饭呢?”

“吃得很少，半碗饭，有时候都没吃饭。”

特使走了，司马懿哈哈大笑，这个笨特使，机密全泄光了，多劳少食，其寿不永。诸葛亮这么劳累，每天睡两三个小时，饭只吃一点点，还能有多少体力?肯定活不长了，没关系，我再拖，你一定死，我把你拖死。

你看，所以你们以后当公司代表到别的公司去，人家问你们老板、董事长怎么生活啊，怎么过日子啊?你要说哎呀，我们老板八点就睡觉了，睡到第二天八点才起床。吃饭，一餐吃五碗。不能把情报都让别人知道了，情报都被知道了还打什么仗啊?这特使太笨了，还是诸葛亮用的人嘛。他肯定是想炫耀宰相很勤政爱民，没想到正好泄底。

不幸言中，诸葛亮果然在虚岁五十四岁时在五丈原病死了。主帅死了，仗不能打了，怎么办?诸葛亮临死前告诉姜维，怎么撤兵，一步一步有秩序地撤，让对方没有警觉到，到后来大部队撤的时候，再让司马懿知道蜀兵撤了，到那时情报上一定显示诸葛亮已死，才撤兵。既然诸葛亮已死，司马懿一定大兵来犯，你一定在这个谷的地方埋伏兵打败他。全部交代完毕，诸葛亮死了。姜维开始撤部队，司马懿得到情报，诸葛亮真死掉了，蜀兵在撤了，马上就举大兵来了。没想到姜维早有准备，马上由撤兵变成进兵，转过来，而且旗帜很整齐。古代打仗，部队的旗帜如果很整齐，表示是有准备的，所以看到对方在败逃的时候，如果旗帜摆得乱七八糟的，那是真逃；败逃还很有秩序的，那肯定是疑兵，一定有问题。《曹刿论战》里面讲得清楚，齐兵败逃的时候，曹刿先跳下来听车轮的声音，声音乱，再一看，旌旗也乱，他知道了，告诉鲁公，齐国是真败，可以打、可以追。退的时候车子整齐、旗帜整齐，那肯定是假退，一定有伏兵。可这个司马懿一看，蜀军旗帜整齐、部队整齐，他就以为诸葛亮有伏兵，还以为诸葛亮诈死，不敢打，赶快撤了。等到蜀兵撤光了，真正的情报又来了，诸葛亮是真死了。这下大家笑司马懿了，死诸葛吓死活司马。司马懿讲了一句话，保面子嘛，他说："哎呀，我能猜到活人的计谋，可是我却没有办法去了解死人在想什么嘛。"这不能怪我啊，活人的事情我知道，死人的想法我哪里晓得呢？等到诸葛亮的部队全撤光以后，司马懿的部队进入五丈原，去看诸葛亮部队驻扎的地方，看部队怎么驻扎就知道诸葛亮的兵阵是怎么摆的了。一看，"哎呀，还好啊。"司马懿说，"我没有跟他在这里对决，否则我会全军覆没啊。"司马懿就叹了一口气，这个孔明真是天下奇才呀！光看他驻军的位置就知道了，不得了，幸好没打，幸好我坚持住了，幸好拿女人的衣服给我我都没出去啊，大丈夫说不出就不出，要不然真的完了。

诸葛亮的一生就是这样子，很可惜，结束了。他一生这么努力，鞠躬尽瘁，死而后已，为什么没有成功？从管理的角度来看，有几个原因：

第一个问题，他的很多策略其实可以成功，可是领导人没有配合。一个企业也是一样，很多策略要运作，如果老总不跟你配合，你能做吗？不可能啊。王安石变法为什么失败，掌实权的太后不配合；清朝戊戌变法为什么失败，太后不配合。诸葛亮有很多策略是对的，可刘备为了面子，为了讲什么仁义道德，失去了太多的战机跟机会。

第二个问题，综合国力远不如曹魏跟孙吴。那不是差一点点，那是差太远啊，光人口不到人家三分之一，经济更不用谈了，土地也差人家一大堆。在土地、人口、经济、综合国力远不如曹魏的情况下勉强北伐，除非是老天帮忙，出奇制胜，真有奇人、奇将出现，否则很难。所以这一点不能怪他。人口、土地、经济统统不如人家，再加上中央领导人的因素，当时曹魏的领导人脑袋清楚，可这个阿斗脑袋清不清楚？前面是先皇不配合，后面是阿斗没能耐，再加上中央的小人太多，最严重的有在历史上被列入《奸臣传》的黄皓，这个人是个太监，坏得一塌糊涂，老是在皇上身边进谗言，铲除异己，陷害忠良。

我们看几件这个黄皓干的“好事”。有个忠臣董允，每次上奏折的时候都是眼睛看着下面把奏折递上去的，或者跟皇上讲话的时候眼睛也会看下面，因为不敢看皇上嘛。黄皓为了陷害董允，就跟皇上说，这个董允每次上朝，眼睛不是看地板就是看天花板，他目中无人，皇上，他根本就瞧不起你，他上奏折，那就是在数落皇上你无能啊，皇上你不是做得很好吗？哪样你没做好，他要这样天天数落你，他根本就是瞧不起你。阿斗昏庸啊，一次、两次、三次……很多次以后呢，阿斗想，他果然是瞧不起我。《三国志》这么写，“后主追怨允日深”，阿斗讨厌他一天比一天深，恨他一天比一天更深。“谓为自轻”，瞧不起他，从此疏离了董允。各位，一旦远君子而亲小人，固陋必生。固，就是固执；陋，一无所知。因为无知就更固执，因为固执就不肯学、不肯听，就更无知，这样就变成了恶性循环。

黄皓还广招天下美女在宫中组成歌舞团，天天给后主表演，正史上写：后主荒淫。为什么荒淫？就是黄皓每天在安排，居然还大造宫殿给皇上玩耍。皇上有一个弟弟叫刘永。其实我们汉人有一个最大的败笔——传嫡不传贤。清朝少数民族入主中原可以传两百多年，因为他传贤不传嫡，孩子这么多谁行我传谁，我不只传给老大啊，所以少数民族在中国可以传承两百多年，有他们成功的地方。可是我们一定要传长子，长子刘禅又不行，反而有能耐的是那个老二刘永，可又不用他。刘永早看出这个黄皓是个奸贼，他跟哥哥讲，你不能跟这个人在一起啊！黄皓因为这样就离间说，刘永有意篡你的位置，史书上记载，"使永不得朝见者十余年"，从此刘禅十几年不见弟弟刘永。

再来，连姜维都害。黄皓想把姜维拉下马，用自己的人去当指挥官，掌握兵权。他上书这样说："姜维深受重任，兴兵累年攻击不利，请求罢之。"把兵权交给他，这么多年了，却没有办法北伐，也没有什么绩效出来，要把他罢掉。后来姜维知道了，亲自回朝兴师问罪。姜维还好，阿斗没有办他，但是姜维从此就在沓中种田，再也没有回去过。回去也没用，满朝奸臣，回去干什么？不再回去了。后来魏军攻下蜀国的时候，成都投降。投降的时候诸葛亮的儿子战死，孙子诸葛尚也战死，在战死前他讲了一句话，说此恨未能早斩黄皓奸贼。可惜我没有提早把他斩掉，才闹到今天亡国的这种程度。朝中都是小人、都是奸贼，外面的人再有能耐，也无能为力啊！所以这是第二个问题，在经济、土地、人口方面不如人家，领导人没有能力，再加上朝中的奸贼又多，失败就成了必然。

第三个问题，蜀中缺少人才。所以才有"蜀中无大将，廖化充先锋"之说。没有大将，没有人才，勉强调了个姜维，一个姜维有什么用呢？又不是十个姜维。所以人才的不足也是最大的问题。为什么人才不足？这是古代的问题，不是现在的问题。汉朝能够延续四百多年，对举荐上来的贤良、方正、孝廉、纳贡的人才，廷试合格后送入太学培养数年才任官，所以汉朝有没有人才培养？有。蜀汉没有培养人才，所以在文、武两个体系中没有更好的人才出来，很可惜。

第四个问题，中央领导层阿斗的昏庸无能。为什么昏庸无能？我刚才讲过了，阿斗从小是谁带大的？宫里的宫女、太监。他们本来就不是很正常，诸葛亮上台后，又忘了，没有把他带在身边。现在很多公司老板很聪明，为了企业的永续经营，让孩子从基层干起，还专门请人来带他的孩子。每天教，带在身边教。当时诸葛亮如果把阿斗带在身边，也去伐南中，也去北伐，让他看看，实际了解一下前线的战斗有多惨，让他实地看看老百姓的疾苦。可惜没有，诸葛亮从来没有把他带在身边让他去了解，他也从来没有出过中央，只是坐在宫里享受，每天就盖房子、兴土木、搞花园、近女色。到诸葛亮死后阿斗才第一次去看都江堰，哎哟，外面这么漂亮啊！如果诸葛亮把他带在身边好好培养的话，中央领导层一定强。《素书》讲，柱子壮了，屋子才稳定；梁整齐了，屋子才永久。柱子是领导，梁呢，是指辅佐的臣子。臣子辅佐得好，中央又强，君能、相能，“如是者王”，这样才能够称王嘛，这样才能够成功啊！可惜领导太昏庸、太懦弱了，问题就出在辅臣没有系统地去培养接班人，所以才造成后来的彻底失败，很可惜。

诸葛亮的成功跟失败，我们就介绍到这里。纵观诸葛亮的一生，他足智多谋，他勤勉用功，他博闻强识；他的决策力、果断力、预见能力、语言表达能力都很强；在经营上、在土地扩张上、在人口教育上也花了很多精力，这都是日后我们学习的一个榜样，不过他所犯的错误我们也应该避免。

今天对诸葛亮做了这样一个简单的介绍，谢谢各位，谢谢！

王珪

淮阴市井笑韩信
汉朝公卿忌贾生
君不见昔时燕家重郭隗
拥篲折节无嫌猜
剧辛乐毅感恩分
输肝剖胆效英才
昭王白骨萦蔓草
谁人更扫黄金台

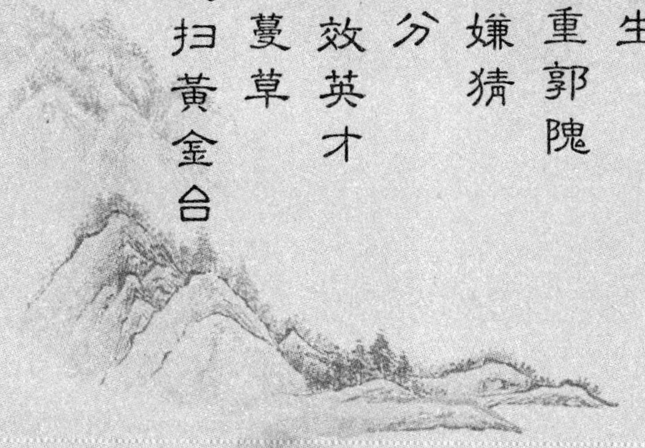

输肝剖胆效英才

王珪

上

各位好朋友，大家好！

很高兴继续我们的一代名相系列，今天我们主要谈王珪。

对唐朝初期、太宗那个时候的名相，很多人比较熟悉的是房玄龄、杜如晦、李靖、魏征。其实太宗时期有七大名相，房玄龄、杜如晦、王珪、温彦博、戴胄、李靖、魏征，王珪排第三。他也是谏官出身，年龄比魏征长十岁，两人还是结拜兄弟。但为什么大家对王珪没有那么熟悉呢？因为野史中对魏征、李靖讲了很多，连长孙无忌都提了很多，而提到王珪的很少。

野史往往会影响我们对正史的认知。我举个例子，汜水关一役把董卓的阵前大将华雄斩掉的是哪一个？《三国演义》里面写是关羽，那是野史，是为了突出刘、关、张。其实正史的记载，斩华雄的是孙坚，可是在《三国演义》里面孙坚是一碰就跑掉了，所以野史跟正史往往是有出入的，我们是根据正史来谈历史人物。野史有时候不一定可靠，它为了突出某一个人，讲了很多人们喜欢听的。就好像我们讲的康熙，讲到康熙派使者到云南去，《鹿鼎记》里讲使者是哪一个？韦小宝。真有这个人吗？我怀疑。这是小说，野史往往就带有小说的性质。

王珪确实被人们认识比较少，为什么？因为王珪这个人品性太端正了，太宗曾经对王珪讲了一句话："卿若常居谏官，朕必永无过失。"你如果能常常在谏官的位置上，我就永远不会犯错。从这里面可以看出来，所有谏官里被赋予最高荣誉的是哪一个？王珪。

王珪很有个性，史学家对他的评语是，王珪这个人人品太好了，在七个宰相里面他人品最好。

王珪清心寡欲。他不贪，生活非常俭朴，当了宰相了，家里所用的一切还是非常简单。这就有点像明朝的海瑞，海瑞俭朴到有奸臣害他，皇上误会，让锦衣卫到海瑞家搜的时候才发现他家徒四壁，一个这么大的官，家徒四壁啊！连去搜的锦衣卫眼泪都掉下来了，怎么穷成这个样子啊！王珪的家一直很清贫，那钱到哪儿去了？史学家讲他孝悌忠信。

王珪对父母非常孝顺，哥哥过世得早，他伺候嫂嫂跟伺候母亲一样，对哥哥的孩子，全部抚养照顾。现在的人有几个人能做到这一点？倾全力抚养哥哥的孩子，抚养得比自己的孩子有成就。所以讲他孝悌忠信。

忠，是对皇上忠心耿耿。史学家讲王珪知恩图报，对国家知恩图报，对太宗知恩图报，对他的亲戚知恩图报。我们把他的生平列出来就能知道为什么讲他知恩图报。王珪的出身不好，家里很穷，他的妈妈怀孕的时候，他爸爸去世了，所以王珪是遗腹子。家里非常得穷，还好王珪的叔父跟妈妈都精于面相，学过麻衣相法，他妈妈一看，这孩子虽然是遗腹子，可他的相怎么看都像是宰相，所以从小就抱着王珪到处跟亲戚朋友说：“你别看我是寡妇，别看我的孩子没有父亲，将来这个孩子是宰相啊！”相当于现在的国务院总理啊！你们家邻居有个寡妇，每天抱着刚生的孩子说“他将来会当总理”，你们会怎么想？神经病。邻居们都骂王珪的妈妈是神经病。

王珪出生以后妈妈带着他，教他读书，没有钱买纸张，就拿一个树枝，在地上教他，跟欧阳修一样。但是王珪非常好学，非常努力，妈妈对他的期望也很高。但很可惜啊，他一直不太得志，到二十四岁才第一次当一个小官吏，当时是隋文帝在，让他到朝里负责校订所有的文书，以现在来讲，叫校稿，就是稿子写完了，让他看看有没有错字，是个很小很小的官。到了三十四岁那一年，王珪的叔父因为举兵谋反被杀。在古代叔叔举兵谋反诛几族？九族啊。那他叔叔出了问题，他是不是九族内的？是啊。所以要跑，还好王珪为人好，所以朋友多，跟《水浒传》里面的及时雨宋江是一样的，宋江几次该杀，为什么没死成？因为有朋友来救他。就这样，王珪跑到终南山隐居起来，专心读书。

我常鼓励我的学生，人不是一生都如意啊，不如意以后怎么办？修身。一德，二命，三风水，四努力，五读书。一德，德最重要，品性端正比什么都重要，努力也重要。人在落魄的时候，最好就是好好稳下来，充实自己，培养自己的核心能力。今天要竞争，得有核心能力啊，没有核心能力怎么竞争？什么是核心能力？自己的知识，现在还要加一个学历。在落魄的时候要去读书，丰富自己的知识，获得相应的学历。现在人找工作要不要文凭、学历？当然要。所以三十岁以前找工作，看文凭、比学历。可是进公司以后比什么？专业能力。人是很可怜，一生都在比啊，三十岁以前比学历，四十岁以前比能力，五十岁以前比精力，六十岁以前比体力，到了七十岁，比病历。结了婚比谁的老婆漂亮，有了孩子比谁的孩子聪明有出息，所以人很可怜啊，太痛苦了。

所以最落魄的时候要好好去学习，培养高尚的品格、道德，建立人脉关系，充实自己的职业经历，培养自己的敬业态度。

台湾很多学校学生的缺课率非常高，我有一门课，班里二十几个研究生，永远只来十个，轮流的。但是我班上有两个人从来没有缺过课，每次一定来坐在那里，一定很仔细地做笔记，到今年五月我说学期末要交报告，下课了，那两个从来不缺席的学生来找我："老师，你好。"

我说："有事吗？"

"老师，我们两个是旁听生，要交报告吗？"

从来不缺课的原来是旁听生。我说："是吗？"他们把名片拿给我了，一个姓北山，一个姓田中，都是日本人。

他们说："老师，我们来台湾五年了，对台湾的一切都非常了解，这个学校在全台湾排名第七，是个好学校，缺课率竟然这么高，这是一种不负责任的态度。我们日本人从小的教育是要对自己的行为，更对自己的决定负责。我们虽然没选你的课，但是我们决定来旁听了，我们就对自己的决定负责任，所以我们两个从来没有缺过课。"

可是台湾的学生呢？没有一点敬业的态度，将来毕业了到企业，企业敢用吗？没有敬业的态度，企业怎么敢用？

"所以老师，我讲一句话你不要生气，你们台湾前途堪忧啊，可悲啊。一般的学生都是这样对自己的行为不负责任，将来进入政府单位当了公务员，到企业界当了干部，也是不敬业、不负责任，这个组织怎么办？老师，我跟你讲真话，你不要生气。”

“我不会，谢谢你给我的提醒。”

日本人这句话，能看出敬业态度啊。当学生的责任，就是来出席、来上课。长期不来上课，就是没有这种敬业态度。人格有恒常性跟一致性，进入了社会以后，这个态度会继续延伸的。敬业态度就是非常重要的一个核心能力，可是很多人失去了。

王珪隐居在终南山，一直隐居到四十七岁，用十几年时间来充实自己，可就在这十几年里，他结交了非常多的朋友。他妈妈有一次非常不高兴，就骂他了：“你小的时候我到处跟别人说你会当宰相，现在你三十几岁了，一事无成，每个人都在笑我，‘你不是说你儿子会当宰相吗，怎么样？他三十几岁在干什么呀？还在摆地摊啊’？”

有一次，他妈妈又被嘲笑，忍无可忍了，把王珪喊进来：“珪儿，你给我进来。”

那王珪很孝顺，一听妈妈喊他，马上进来：“娘，什么事啊？”

“什么事，你几岁了？”

“三十七了。”

“三十七了，你每天在干什么？”

“娘，我在结交天下豪杰。”

他妈妈一听：“结交天下豪杰？我看是一群狐群狗党。天下豪杰？这样，明天中午，你把你那些什么豪杰，什么狐群狗党带到家里吃个饭，让娘看看你交的是些什么朋友。”

王珪很孝顺啊，马上出去了，给朋友们打电话：“拜托，明天中午来我家吃个饭，我娘她刚刚问了，无论如何你们一定要来呀。”

孔子讲“益者三友”，我们交朋友，对我们有利的朋友有三种，友直，友谅，友多闻。

友直是人品端正，为人正直，要结交这样的朋友，近朱者赤，近墨者黑，跟人品端正的君子在一起，你当然会变成君子，物以类聚嘛。我们中国人有句俗语，“龙交龙，凤交凤，老鼠交的朋友会打洞”。

友谅是能够体谅你的人，朋友嘛，相互体谅。管仲跟鲍叔牙成为好朋友，两个人合伙做生意，做完了分钱，谁拿得多？管仲。鲍叔牙都给他，“你多拿一点，多拿一点”。人家笑鲍叔牙：“你真笨，合伙做生意，本钱你出得多，你卖得多，业绩都是你做的，怎么分钱管仲拿七，你才拿三，有没有搞错啊？”鲍叔牙说：“哎呀，你不晓得，管仲有母亲要养，我孤家寡人一个，他家里需要钱嘛。”能够体谅对方，他需要就多给他一点嘛，朋友有什么好计较的。

友多闻是朋友学问很好，知识很广，跟他在一起会成长，会学到很多东西。所以这三种人，这样的益者三友要多结交。王珪的这些朋友都不错，都友谅啊，朋友一接到电话，就都说：“再忙我们都来。”朋友们全到了，围着桌子坐成一圈吃饭，妈妈隔着帘子看，看每一个人，王珪坐主人的位子，顺时针下去，坐王珪旁边的是房玄龄，再旁边杜如晦，再旁边李靖，再旁边戴胄，再旁边温彦博，再旁边魏征，再旁边长孙无忌，再旁边李世民，一群人。他妈妈很会看相啊，这一看，“小子，厉害啊！全找来了，一时之选啊”。妈妈回厨房端菜太高兴了，笑得菜都差点儿忘了端出来了。等到客人吃完走了，妈妈把王珪找进来。

“珪儿，进来进来。”

“娘，什么事啊？”

“这些朋友你好好交往，连同你在内，将来必定轮流组阁。”

“那个年轻人呢？”王珪说的是李世民。

"那你别管了，跟他跑就对了。"

物以类聚，王珪的妈妈为什么让王珪把朋友全找来？现在的管理心理学、教育心理学、人格心理学、发展心理学、儿童心理学，都强调一件事，同侪影响力。交的朋友互相影响，你的儿子是什么样的人，就交什么样的朋友。王珪的妈妈是师范大学毕业的，她是教育系出来的，她当然知道这个道理啊，我非看看孩子交哪些朋友不可。

现在好多父母亲忘了这一点啊，不了解孩子交朋友的重要性，外面乱交朋友也不知道，出了问题也不知道，像台湾有一些家长，孩子去杀了人也不知道，到后来枪毙的时候才发觉，啊？我儿子干这种事情啊？

懂教育的父母亲是这样的，孩子说："爸爸，我出去朋友家、同学家。"

"干吗？什么时候去？什么时候回来？"孩子交代得清清楚楚。

孩子出门了，家长电话就到了，"我孩子去你家，打扰两三个小时，谢谢你，拜托照顾一下"。

"会的会的。"

孩子到了那边，对方再打电话来："你家孩子到了。"

外国是这样子的，小孩去你家，我电话一定到你家，到了以后，对方知道打电话来告诉你孩子到了。说好玩到五点钟，到了五点，就是五点，我们家长就把孩子接回来，或者他们家长送回来。这样孩子怎么会变坏？不可能。

有的家长不清楚，孩子被枪毙了才哭哭啼啼："我的孩子好乖啊，我的孩子很聪明，又乖又聪明啊，都是被人家带坏的呀。"哦，你的孩子是被带坏的，那别人的孩子是谁带坏的？这就是同侪影响力，当父母亲的一定要注意到孩子交哪些朋友。我们学历史，不是为了考试，而是要学到很多为人处事的道理。现在西方的心理学讲，一个成功的人后面一定有两个伟大的女人，一个妈妈，一个太太。妈妈很重要，孟母三迁，这个故事知道吧；还有欧阳修的母亲是怎么教他的；王珪的妈妈是怎么带他的，恩不可忘啊。没有这么好的母亲，怎么成功？以前看了一个故事，宋朝，一个强盗要被斩的时候要求：“我要被斩首了，我能不能提个要求？”

监刑官问：“你要求什么？”

“我能不能再吃我妈妈最后一口奶？”

他妈妈在旁边看儿子要被斩了，哭啊，就给儿子喂奶，这个强盗吃奶的时候把他妈妈的奶头咬下来了，妈妈大叫一声以后就骂：“你这个不孝子，你要被砍了还咬我奶头。”

儿子讲了：“我今天被斩首是你造成的，小时候我偷东西，你不但没有制止，拿回家你还很高兴。我就越偷越大，到后来我抢东西，读小学时抢人家东西回来，你不但没制止我，还说我抢得很好，我就越抢越大，变成江洋大盗，现在要杀头了，不是你造成的，谁造成的呀？你当时为什么不制止我不对的行为呀？”

所以教育孩子千万记得，出生到六岁叫人格形成期，六到十二岁叫人格修正期，这是弗洛伊德的理论。现在有很多家长，从小把孩子丢给阿姨带。出生到一岁半的时候叫认母关键期，谁是妈妈、谁是爸爸，开始认了。统统给别人带，就要认错了。认母关键期认错了，把别人认成妈妈，他长大以后虽然知道谁是妈妈，可是潜意识里面觉得她不是，阿姨才是，因为他潜意识里认定是她，这样的孩子长大后犯罪的倾向比一般孩子高很多。怎么知道孩子认错了呢？一般孩子碰到危险时喊谁？妈妈。可有些孩子不一样啊，在危险的时候喊奶奶、爷爷，还有阿姨，那就是认错了。所以我建议很多职业妇女，不管多忙，晚上要自己带孩子，一定要自己带，这样小孩的认父、认母关键期才不会认错呀。

这个时候也是口腔期，孩子的满足区间在口腔，所以喜欢吸东西。现在有个研究报告很有意思，口腔期如果没有得到满足跟正常的发展，长大以后就会抽烟，所以喜欢抽烟的男同事，你的口腔期还没有蜕化完毕。

王珪的妈妈很了不起，她知道这样做，所以王珪很有成就。到了王珪四十七岁那一年，李渊知道这个人很有才华，就征召他进宫去了，让他做个参事，第二年就让他到李建成的东宫去，当东宫的辅佐师傅了。结果非常不幸，因为要帮太子争天下，所以跟秦王李世民卯上了。当时他跟魏征两个人是辅佐李建成，在运武器给同伙的时候被抓了。李渊很生气啊，你在让我的孩子们互相搞对立，就把他贬了，下放到今天四川省的西昌去了，在当时是很偏僻的地方。

第二年，果然玄武门之变爆发了，太宗得了天下。太宗很清楚，王珪是有才华的呀，真的很不幸啊，他是被我爸爸叫到李建成那里去的，要不然本来应该是我的人啊。当时一起吃饭的那几个，都是结拜的好兄弟，只是爸爸让他跟魏征到李建成那里去了。人嘛，各为其主，要不然怎么办？李世民知道他有才华，就从四川西昌把他召回来，让他当了谏议大夫。

王珪因此感谢李世民的知遇之恩，竭尽一生之力帮助李世民，李世民的整个贞观王朝里面七大宰相他排第三，他做得非常好，很多话他很敢讲，我们举个实例。

王珪被征回来的时候已经年纪很长了，五十六岁了，当了黄门侍郎，黄门侍郎相当于现在的最高检察院检察长，在唐朝有中书省、门下省、尚书省三个宰相，他是宰相团成员之一。有一天他跟太宗两个人在后花园喝酒。君臣两个，王珪五十七岁了，太宗才二十九岁。太宗一面喝酒，一面搂着一个非常漂亮的姑娘，姑娘才十六岁。太宗话多，为什么话多？他对王珪很信任，所以没有戒心，很多话都讲出来。人跟人互动交往，一定要感觉到安全、信任而且有自尊，也唯有这样的情况下才能够深入交往。王珪给所有同僚的感觉就是安全、值得信任、有自尊，他很会做人，所以太宗很多话敢跟他讲，但不一定敢跟魏征讲。

历史上描述魏征脸长得很黑很凶悍，讲话常常不给太宗留面子，所以太宗就没办法，上朝的时候魏征是宰相，又站第一排，太宗给魏征特例："以后上朝别站第一排了，你站到最后面去。"看到他不舒服。

魏征只好到后面去了，"报告"，又跑到前面来了。

"哎呀，以后你报告在原地。"可原地那么远，大家都听不清楚。"你特例，可以用麦克风。"

可王珪不是。太宗很喜欢他，还找他私下喝酒。

太宗就问王珪："这女孩你认得吗？"

王珪一看，"皇上我不认识"。

"哎，你怎么不认识她呢？她是庐江王李瑗的爱妃嘛。"

"庐江王李瑗的爱妃？请问这女孩结婚没有？"

"结婚了。"

"怎么在你怀里呢？"这个王珪一听就怀疑了。

太宗赶快讲话了："哎，这你不明白。"

李瑗是谁啊？唐太宗伯父的儿子，唐太宗的堂兄弟，李渊建国了，把哥哥的儿子封在庐江，所以叫庐江王。庐江王这个人没有什么能耐，能力也不强，品性也不太好。这女孩原来不是庐江王的妾，古代女人结婚的年龄非常早，平均虚岁只有十四岁，男人是十六岁，所以褒姒嫁给周幽王时虚岁十岁，骊姬嫁给晋献公时虚岁十二岁，虞美人嫁给项羽时虚岁十二岁，窦氏嫁给李渊时虚岁十三岁，长孙皇后嫁给太宗时虚岁十三岁，武则天嫁给太宗时虚岁十四岁，都是十多岁。古代女人超过十六岁没结婚叫晚婚啊。

这个女孩也是十二岁就结婚了，十三岁那一年，在自家门口小河边洗衣服，刚好李瑗整队去打猎，打完猎骑着马回家，拖着一堆猎物。当时已经黄昏了，经过这个小村子时，李瑗看到这个姑娘，一看，“啊？怎么乡下有这种美人啊，这么漂亮，这么美啊。”就停下来在那边看她，一面看一面擦口水。旁边的侍卫长就跟他讲了：“王爷，黄昏了，天快黑了，该回府了。”

“别吵。”

“哎呀，王爷。”

“别吵。”继续看。

女孩洗完衣服，一甩手进去了。

“王爷，她进去了。”

“别吵。”李瑗说着就跑到人家家里去，把人家老公给杀了，把婆婆也给杀了，把女孩带走了。就这样，这个女孩变成了李瑗的妾。

在她十四岁那一年，玄武门之变，李瑗因为跟李建成关系很好啊，所以一听玄武门之变，马上举兵，要打秦王府了，没想到点兵的时候被他的女婿一枪干掉了。太宗感谢起义有功的人，就把李瑗的一切都赏给起义的人。唯独这个女孩，太宗一看，“哇！真漂亮。”就依照国法把她纳入宫中服劳役。

太宗很得意地跟王珪讲起这个，“哎呀，王爱卿啊，我跟李瑗不一样啊，李瑗这个人是杀人夫夺人妻。我不是啊，我是一切依法行事”。

王珪听完以后站起来了，只讲了几个字：“疑惑呀，老臣疑惑呀。”

“你疑惑个什么东西呀?”

“皇上，老臣疑惑呀。”

“你疑惑啥呀?”

“请问皇上，像李瑗这样杀人夫夺人妻，是对还是错?你说。”指着皇上的头，“你说是对还是错?”

皇上一听，不敢讲话，只好赔笑脸。“你说呢?”他不敢回答了，“你说呢?”

王珪很精啊，你叫我讲?“皇上，我告诉你，杀人夫夺人妻，你说是对还是错?如果是对的，那好，天下大乱了，我现在是一人之下，万万人之上，我就每天到各首长家去访问，看他太太漂不漂亮，漂亮我就把她抢过来，天下不就大乱了?整个王朝就没有伦理道德了，亡国灭种啊。如果皇上认为不对，既然不对，这女孩怎么会在你身边?你说啊。”

太宗一听，一脸通红，汗如雨下，不好意思啊，站起来对王珪说：“好了好了，是朕错了，朕错了，朕自己罚一杯酒。”

皇上罚了一杯酒，马上又倒一杯：“王珪，这杯赐你喝。”

自己喝叫罚酒，给王珪喝叫赐酒，反正皇上不吃亏的，王珪喝了酒还要谢恩。

因为吵得很大声，太监就跑出来了：“什么事?什么事啊?”

太宗只好说：“好了好了，你们过来，立即把这女孩送回故乡去，结算一下她来宫里多久了，该给多少工资，要给人家，还有，她的退休金、福利、红利一起算给人家。”就这样把这个女孩送走了。

第二天一早，太宗上朝的时候，朝里发生了一件大事。到底是什么事？我们下集再讲。

下

各位好朋友，大家好。

我们继续谈这个事情。第二天太宗一上朝，就看到魏征从外面走进来，高喊："尧天舜日啊，尧天舜日啊，尧天舜日啊。"高喊尧天舜日。

什么叫尧天舜日？中国历史上尧舜在的时候叫中国的黄金时代、黄金治世，是文明最好的时候，所以他喊"尧天舜日啊，尧天舜日啊"。因为当天晚上，王珪就跟他的好朋友魏征谈到这件事："老弟，我今天劝了皇上把那个女孩儿送走了，但是皇上心里是不是稳定我不知道，明天你可得陪我演这出戏呀。"

"怎么演?"

"你就一路唱进来，皇上做对要鼓励，年轻嘛，二十九岁，要多鼓励。怎么鼓励，那就看你了，老弟呀，你又不是笨蛋。"

魏征这么聪明："好，就这么定了。"

第二天魏征就想好了，跟王珪套好招进来了，"尧天舜日啊，尧天舜日啊"。

太宗一听，他喊尧天舜日，其实不晓得怎么回事："魏爱卿，我有这么好啊?"

"皇上啊，你真的很好，你了不起啊，尧天舜日啊，现在是尧天舜日啊。”

“怎么回事？”

“皇上啊，你干了好事啊。”

“啥好事？”

“昨天晚上你把那女孩送回去的事，全国人民都知道啦。”

“怎么可能？”

“电视台都播了。”

太宗一听，有点不好意思：“哎呀，我只是觉得我该这么做而已。”

王珪跟魏征马上你一言我一语了，皇上你做得很好啊。想当年齐桓公要伐郭国，他告诉管仲：“我打算要伐郭国，这个郭国的国君昏庸无能，残害百姓，我要讨伐他，替天行道。”

管仲说：“还不行。”

“为什么？”

“大王啊，郭国的国君虽然昏庸无能，可是朝中还有忠良啊，这些忠良会团结起来保卫郭国，这个仗不好打呀。”

过了一两个月，齐王问：“现在怎么样？可以伐了吗？时机到了吗？”

“国君，还没到。虽然在野的忠良善内都被斗争斗走了，可是民间还有忠党爱国之士，会团结起来保护他的国君，还不行。”

又过了一两个月，齐王又问：“仲父，现在可以了吗？”

管仲说：“现在可以了。郭国的国君昏庸无道，朝中善内都已经被斗光了，都是奸臣在势在朝，民间的善内忠良也都走了，现在可以动手了。”于是齐桓公率兵直扑郭国。到了郭国以后，郭国的老百姓不但不抵抗，还把大门打开，连箭都不用发就拿下来了，这么好打。

齐桓公把郭国的长老都找来，问：“你们国君为人如何？”

"我们国君为人善善而恶恶。"

"那很好嘛。"一个人能善善而恶恶不是很好吗?

"可是我们国君只知道善善而恶恶,可惜善善而不能为,恶恶而不能去。"

善善而恶恶,可是善不能为,恶不能去,那有什么用,等于没有善善恶恶。

魏征和王珪两个人跟皇上说:"皇上,你昨天晚上把那个女孩送回去的事,说明你不但善善而恶恶,而且善能为、恶能去。这么好的皇上,不是尧天舜日是什么呀?"

太宗听了很高兴,"我是觉得我该这么做啊"。一个人的行为被强化以后,这个行为会继续延伸。强化,英文叫 reinforcement,在管理心理学里面,是非常重要的砝码。员工、部属有好的行为产生,要强化他做得很好,马上肯定他。我们最大的败笔是什么,孩子犯错了骂骂他,他做好了改正了,父母没有反应,这是不对的。他做错了你指正他,他做对了,得马上强化他这个行为,让这个行为继续延伸。孩子为什么会走路?从生下来只会躺着或趴着,到会翻身的时候,父母亲给他鼓励,哎哟好棒哦,宝宝好棒哦,会翻身啦,强化了没有?翻给你看。他会坐了,哎呀好棒哦,宝宝会坐了,坐给你看。他不是为了坐而坐,是为了坐给爸爸妈妈看的,可以得到鼓励啊。到会站起来了,会扶着周围走路了,哎呀宝宝好棒哦,会站了,会走了,来来来再一步,上爸爸这边来,来一步,来一步。他就是这样学会了走路,这是鼓励出来的。你要不信,现在做做试验,孩子学走路,一站起来就啪打下去,站起来,啪打下去,他一辈子就只会爬,不会走路了。

所以多鼓励,这个很重要啊。人跟人互动一定要多鼓励,他才敢把很多话都告诉你。但是鼓励完怎么样让他改正不好的行为，那要看当事人能不能听进去劝告。这一点上，王珪当场跟太宗讲：“你比齐桓公更了不起。”当年齐桓公跟管仲讲“寡人有疾”，我有缺点。管仲问他：“你有什么缺点?”

“哎呀，寡人有三疾。”我有三个缺点。第一个缺点，寡人好游乐，不晓得好游乐会不会亡国呀？齐桓公喜欢打猎，驰骋畋猎，畋猎让人心发狂，这是老子讲的。他喜欢打猎会不会亡国呀？不，国君打猎本身不会亡国。不过，因为国君爱打猎，就会误以为那些每天陪他打猎、给他安排打猎的人是忠臣良相，是好人，这些人为了获得加官晋爵的机会，获得国君的信任，就每天给他安排打猎。到那个时候小人就当路在势，君子就远离，朝政就危险了，国家就危险了。

齐桓公一听，“哦，那我明白了”。

“那我还有第二疾。”第二个缺点。

“还有什么缺点?”

“我好酒食。”喜欢吃喝，喜欢美食，喜欢喝好酒，不晓得这样会不会亡国呀？不会。那就怪了，那大禹为什么说会？有一次大禹在上朝的时候，有人送了一坛美酒上来，大禹就把酒舀了一勺一喝，哎哟，这么好喝啊，就连喝了三勺。然后当场拔出剑来把一瓮酒打碎了，还讲了一句话：“我一向洁身自爱不喝酒，可没想到这酒这么甘醇，我竟然连喝三勺，将来必有因好酒食而亡其国者。跟我上次驰骋畋猎一样，我没想到我射得这么好，后来我把弓箭给折断了，从此不再打猎，将来必有因好游乐而亡其国者。”为什么大禹讲这两句话？喝酒、打猎本身不是坏事，坏的是国君的嗜好被奸贼掌握了，就每天安排他游乐，安排他酒食，投其所好，国君以为这一批是忠臣良相而重用，让小人得势了，君子就远离了，这个时候国家就危险了。

“哦，那我明白了。”

“如果这样，那寡人还有第三疾。”我还有第三个缺点。什么缺点？寡人好内，就是好女色的意思。会不会亡国呀？不会。嗯？那大禹为什么说会？哎，大王，那是因为大禹在上朝的时候，人家送个美女进来，大禹一看，愣住了，愣了五秒钟，真漂亮啊。突然醒来，让人把这女孩立刻送回去，还命令将来只要送美女上朝的，斩。“我一向克己非常严谨，今天看到这么美的姑娘居然会愣住了，何况那些克己不严谨的领导人，将来必有因好女色而亡其国者。”为什么大禹讲这个话？国君好色本身不是问题，问题是这个习染被小人掌握了，就一再给他供美女，国君会以为这些供美女的是好人，就重用了，这样一来君子又远离了，国家完了。

所以各位，老是骗你去玩的，骗你要喝酒的，给你美女的这种朋友不要交。孔子讲“损者三友”，友便辟，友善柔，友便佞。老是投你所好的，蒙着你的，带你去干坏事的，走后门的，这种朋友不要交，早晚有一天会被带坏的。

王珪说，“管仲辛辛苦苦地给齐桓公分析，当时他听不懂，可他在管仲走了以后，却重用了每天安排酒食的易牙、安排游乐的魏公子开方、安排女色的竖刁，这三个人每天安排游乐、酒色，同时齐桓公不上朝，两年没上朝。两年以后第一天上朝，这三大奸贼就把他抓起来了，关在铁皮屋里面活活饿死，死了三个月没有人埋他，全身都烂了。皇上啊，你很好啊，你跟齐桓公最大的不一样是我们讲了你就听了，而且还改正了，你是了不起啊”。

太宗听到这里，说：“我明白了，那我想再问一个问题啊。”

"皇上你又想问什么问题?"

"你看从过去尧舜到灭亡的隋朝，这么多的国君领导人，为什么差距会这么大呀?"

"皇上。这很简单，以前的国君重视修身，重视以德治国，可是从隋以后，应该说是从汉的末年以后，哪来以德治国呀，汉桓帝、汉灵帝公然卖官，隋炀帝的时候天下大旱、蝗灾，老百姓穷苦得不得了，粮仓满满的却不肯拿出来济民。老子有一段话，民之饥，以其上食税之多，是以饥；民之难治，以其上之有为，是以难治；民之轻死，以其上求生之厚，是以轻死。"

太宗又问了："这是什么意思啊?"

"皇上，这第一句话，老百姓为什么饥饿啊？因为在上位的人食税抽得太重了，抽光了。我可以预见，一千多年后李自成为什么谋反？明朝为什么垮？就是这个原因。

"第二句话，老百姓为什么不好治理，不好管理，'以其上之有为'，很多人念有为（wéi），老子有为（wéi）无为（wéi），其实那个不能念有为（wéi）无为（wéi），应该念有为（wèi）无为（wèi），有为（wèi）是一切为自己，无为是为人民，没有一点为自己。"王珪接着讲，"所以圣人无常心，以百姓心为心，这是无为的根本。圣人没有一点为自己的心，完全以百姓的心为心。可从隋炀帝以后，现在很多领导人都为他自己，隋朝怎么能不乱？为什么老百姓不好管，革了隋朝的命？因为领导人所做的一切、隋炀帝所做的一切是为他自己，叫有为。不是为人民，为人民是无为。

"第三句，老百姓为什么不在乎死啊？因为求生存太难了。"

"以其上求生之厚"有两个意思，一个是上位的人生活太奢华享受，一个是老百姓求生存太困难了，他当然不在乎死了。我不革命死路一条，我革命还有机会啊。他当然不在乎死，跟你拼了。

这时候魏征接着讲："皇上啊，你该明白这一点，水可载舟，亦可覆舟啊，老百姓可以拥护你，也可以革你的命啊，我们的前朝，隋朝就是例子，如果前朝不是这样，哪有我们唐朝?"

太宗听清楚啦："是啊是啊是啊。"

"所以皇上你不能步隋炀帝的后尘呀，前车之鉴，要清楚啊。"

"是啊，我明白。"

"所以皇上你一定要做好，要把老百姓教育好。"

接着王珪就讲了，要以德治国，推行仁义的教育。因为王珪是重儒家思想的，认为仁义教育的基本在孝，所以皇上应该以孝治国，要学汉文帝以孝治天下。太宗点头。

有一次孔子跟他的学生曾子谈话，他跟曾子说："曾子你晓得吗，天下有一个至德要道，非常重要的东西，用了以后社会可以安定，国家可以安定，你知道是什么东西吗?"

曾子说："我不知道。"

孔子就告诉他："孝道啊，始于事亲，中于事君，终于立身。刚开始是孝顺父母，侍候父母亲；再来是侍候你的国君领导人和忠于自己的职守；最后是立身，即立德立身。这三个是孝的根本。"有子也讲过："君子务本，本立而道生，孝弟也者，其为仁之本与!"

太宗为什么喜欢跟他们谈这个？太宗自己讲了，我希望你们跟我多说一点这些道理。太宗生来跟哥哥不一样，李建成是学文的，太宗七岁跟爸爸到处打仗，而且个子非常魁梧，九尺多，古代一尺是二十三厘米，超过两米啊，可能比姚明矮一点，跟大郅差不多，所以他七岁就能挽弓，弓箭可以拉数十斤，爸爸喜欢带着他打仗，谁跟爸爸打仗，他射谁，准得不得了。太宗的弓箭射得非常准，所以朝中所有的御林军的弓箭部队都是太宗亲自调教。

太宗说我从七岁开始跟爸爸打仗，没有念多少书。所以后来王珪、魏征晚上还得陪读，教他怎么断句，他原来连句都会断错。太宗说："你们要常常告诉我以德治国到底要怎么做，推行仁义要怎么做，推行以孝治国要怎么做，你们要随时告诉我。"

王珪说："皇上啊，古人治国平天下，领导人身边都得有七个谏官，可隋朝没有啊，真话皇帝都听不进去呀。皇上，我们很高兴，我们讲话你都愿意听，而且听得进去。"

太宗说对对对，马上下令，从此以后上朝，有三品官上朝旁边要有谏官在。没有谏官你怎么知道是对是错？所以太宗讲，以人为镜，可以明得失，从你们给我的反应我才知道我哪里做对了，哪里做错了，感谢你们啊。

王珪又说了："皇上，虽然是这样子，所有的制度体系完备以后，你还得找到人才来替你执行才行，你不能不重视德才兼备的人，要取人才。"一再给皇上建议用人。

当年荀子有一段话，"彼持国者必不可以独也"，企业领导人、组织领导人、国家领导人要记得企业的发展、组织的发展、国家的发展不是单靠一个人啊，叫必不可以独也；"然则强固荣辱，在于取相矣"，一个国家是强还是弱，稳定不稳定，发展不发展，繁荣不繁荣，在于你怎么用人。"身能相能，如是者王"，如果一个组织领导人很有能力、很有才华，他用的人也非常有能力、非常有才华，这个组织一定王天下，一定行；"身不能，知恐惧而求能者，如是者强"，如果领导人不行，但是他能够戒慎恐惧以求能者，来寻找有能力的人帮他治国，这样还可以强。就像企业的董事长一样，不是每个董事长都很有能耐，所以在于你会不会用人，即使能力差一点，能找到能力很强的人来辅佐管理，这个组织还是强。最怕是第三种，“身不能，不知恐惧而求能者，安唯便僻左右亲比己者之用，如是者危削，綦之而亡”，领导人不行，又不敢用有能力的人，不能戒慎恐惧去找真正有能力的人来帮忙，而老是用那些每天跟他在一起，陪玩乐的，陪喝酒的，陪打麻将的，就危险了。

现在的管理学讲五同关系，用人离不开五同，这五同你还得观察。第一个是同学，我发了，找同学来帮忙吧。第二个是同事，我现在下海了，把以前的同事拉过来帮忙。第三个是同乡，亲戚朋友同乡。第四个是同好，有共同爱好的，比如陪你打麻将的。第五个是同宗，自己的宗族。所以同学、同事、同乡、同好、同宗我们称五同关系。现在用人离得开这五同吗？很难。可这五同里面其实讲好也最好，讲坏也最坏。讲好，我了解他们，我不会选错人；讲坏，狐群狗党全部进来了，不能不谨慎用人。

皇上不能老是安唯便辟，老是用那些有裙带关系但是人品又差、只会奉承阿谀的人，否则国家就危险了。“危削”，危险呐，势力衰弱了，“綦之而亡”，严重的话要灭亡的呀，要完蛋的。

太宗一听，“是啊是啊我明白啊，我知道的啊”。

“所以皇上，以后一切举止得合于礼。”

后来太宗把女儿嫁给王珪的儿子王敬直，公主下嫁到婆家去了，要不要跪拜公婆？汉以后没人跪了，为什么？公主地位高，生下来地位就高，凭什么跪？可王珪告诉皇上，我不是一定要公主向我下跪，可礼仪不可废呀，中国是礼仪之邦，礼仪不可废呀。皇上想想，对，下令女儿从此以后要跪拜公婆。

太宗很理性，头脑很清楚，但是需要耐心地向他解释清楚。王珪第二次跟他谏言时说，一切以礼治国，从此以后三品以上官员碰到王爷不需要下马。太宗一听："啊，王爷就是我的儿子啊，三品以上官员路上碰到王爷，不需要下马行礼，那他不是看不起我的儿子吗？"

"哎呀，皇上啊，三品以上的官员是国家重臣了，不是不尊重你儿子，如果是太子我们就下马，太子是接班人，不能不尊敬他，可其他的王爷不需要啊，自古没有这个道理呀，皇上，礼正啊。"

后来，太宗同意了，三品以上官员碰到王爷们不需要下马行礼，否则他的孩子就变成纨绔子弟了嘛。太宗的脾气有时候很犟，一个成功的领导人脾气也会很犟，所以我们在旁边侍候的人一定要有耐心。现代管理学讲，跟老板沟通要"三心两意"，第一有爱心，第二有耐心，第三有恒心；两意，要有诚意，要乐意，我们叫三心两意。一个人没有爱心，他怎么会忠于你的职位，忠于你的公司，忠于你的人？不可能。耐心，有时候跟一个人沟通，要想改变他，没那么快，讲半天他听不进去，冲突啊，你得有耐心，而且不是一天两天可以解决的，得有恒心。

有一次太宗在宫里面发火了，为什么发火？他有一个乐官，负责教宫女们女乐。后来，不晓得谁报告说，这个乐官教不好，人品很差，演奏的时候没有观众，票价卖太贵，告了一堆。太宗发火了，把这个乐官给骂了一顿，当时王珪跟温彦博两个人在场，一看到这种情况，温彦博就不客气地讲话了："皇上你不应该指责他。"

"为什么？"

"第一，跟你报告的人说的是真的假的你不知道啊，要查清楚啊，不能听完就发火了，你这样太感性、太情绪化了，皇上不可以这样子。

第二，这个乐官是个文人，是个雅人，为人文雅的人，你不能用这种态度对待他。第三，他是乐官，乐理很行，你突然叫他教女乐，他本来没教过女乐，你现在叫他教女乐，可能有教不好的情况，你这样发火以后有谁还敢教啊，谁还敢跟你讲真话啊？”

太宗一拍桌子，因为真的很火：“你们是我的人啊，怎么帮别人讲话。”一发火，温彦博马上俯下去谢罪。

王珪根本不谢罪，他说：“皇上，我今天把话说明白，我的脑袋本来就该掉的，我是李建成的人，脑袋本来就该掉的，可皇上你没杀我，还让了我当了宰相。我必须要知恩图报，怎么知恩图报？我不能顺着你干坏事啊。这个事本来就是皇上你没搞清楚，你还要发火骂人，如果这样我不做了。”吵完了，不欢而散。皇上气呼呼地走了。

温彦博站起来：“哎呀，王兄啊，你怎么把他给惹火了？你为什么不谢个罪嘛，和平解决问题。”

“不可以这样子，我们没有错呀，皇上不能这样非理性地处理问题呀。”

第二天，皇上气消了，跟房玄龄说起这个事，“我昨天实在是不应该啊，为了一个乐官的事，我跟王珪和温彦博发火了。我现在回来想一想，他们没错，是我不对啊。”

孟子讲了一句话，“行有不得者反求诸己”，事情不顺利的时候你就要问问你自己。房玄龄笑一笑，也对啊，要学会克己复礼嘛，先克制自己才能复礼。

太宗说：“他们两个没错，这样好了，房爱卿等会儿你去找王珪，你们好朋友见面安抚一下，我今天不好意思见他们，我很难看啊，你过去安抚一下，要不然以后没有人谏言了。”

“好吧，好吧，那就这样子吧。”房玄龄去了。

太宗有个好处，反省力强。现代管理学讲，一个成功的领导人有一个很重要的品质叫自省能力。到底我的管理是对还是错，这个影响是对还是错。当你没有自省能力的时候你就没有包容力，当你没有包容力的时候做事就非理性，人家就不会团结在你身边。王珪一再跟皇上谏言，你要用有才有德的人，但这种人凭什么团结在你身边？你领导人得有德行啊，你得有包容力啊，你得反省自己啊，知道自己哪里错了，能够纳谏。你不纳谏谁敢团结在你身边？

太宗有一次去打猎，东西准备好了正要出去，管门的一个小官拉着他的马：“皇上你不能去呀。”

“我要打猎为什么不能去？”

“皇上你不能去呀。你没有当皇帝前打打猎我们从来没有禁止过你，可你现在当了皇帝了，你得以国家为己任，以国家兴亡为己任，这才是你该做的事。何况一打猎，万一你身体出了问题怎么办啊。”

“啊？”皇上说，“你诅咒我。”

“我没诅咒你，打猎本来就是危险的事、不应该做的事，万一你出了问题，国家还可以靠谁啊？皇上你一定要打猎，就骑着马从我身上踏过去。”

皇上火大了：“来人，拉出去砍了！”

听到要被砍了，那小官说：“就让我死，没有关系，当时纣王杀了多少忠臣，让我跟他们一起在地下玩。”

太宗才突然下马：“好了好了，我刚刚是试试你的胆子啊，你的胆子可真大呀，砍你头，你都不怕啊。很好，改升三品官。”

再好的千里马也得有伯乐来识啊，前面我们讲过萧何，萧何有成就不是他天生的，有才华是一回事，碰不到刘邦还是没救。王珪也是运气好碰到唐太宗，要是碰到一些昏君，纣王、隋炀帝这样的，有什么用啊？所以再有才华也得碰到刚好能够用你的人，能理解你的人，这个不容易啊。

王珪告诉太宗："你得要会看人啊。"

太宗一听看人，来兴致了："那你帮我看看，我就听说你妈妈也很会看人，你跟她也学了一些。"

王珪同意："我是学了不少。"

"那你看看我的这些人怎么样？"

王珪说："孜孜奉国，全身心奉献给国家，没有一点私心而且多谋善略，这方面的才华我不如我们老大房玄龄。才兼文武，出将入相，那我不如我们李靖先生。上奏折写得清清楚楚、条理分明，文章写得这么漂亮，文字写得这么优雅，那我不如温彦博。处理政事干练，桌上不会压任何公文，来多少处理多少，速度又快，又干净利落，我不如戴胄。为人忠诚无私，敢犯言直谏，那我不如魏征。可是，激浊扬善，疾恶如仇，为人公正，品行端正，我比他们也有一技之长，跟他们比，我不输他们呐。"

太宗哈哈大笑啊："你真会看，你讲的真准呐，没错，就是这样子。"

所以王珪跟皇上说，第一你要会看人，会辨别人的好坏，叫做识人。第二你要会用人，这个人该摆在什么位置，不要摆错了，一旦被摆错了，再好的人才也变成庸才了。

"为君者不知臣之祸，昏也；知臣祸，无能易之，庸也，托国于昏庸，则国削之患也。"一个领导人不知道部下不行，不知道部属给组织带来多少灾难，给老百姓带来多少痛苦，那就是昏君；知道了部属给组织带来多少危害，给人们带来多少痛苦，可却没有能力去改，那就是庸君。“托国于昏庸”，我们把公司这么重大的任务，托付给这样的领导人，“国削之患也”，这个组织、这个公司、这个国家肯定要衰落了。度量大，可以包容所有的人才，人才谏言我可以接受，这才叫做会用人。隋炀帝为什么垮？不能纳谏。其实我们把隋炀帝跟唐太宗比，哪一个人出身背景好？当然隋炀帝好嘛，高学历，战功彪炳，爸妈走了，留下这么富裕的财产给他，五十多年不劳动都够用。可太宗呢，没什么学历，七岁随爸爸打仗，当了皇帝公文还不大会改，断句还会断错，可是他能纳谏啊，他理性啊，虽然没有那么好的背景，他却创造了贞观之治。

有一次，太宗不知从哪里搞了一把弓，这个弓非常好啊，花了四千两黄金，太宗很得意啊，为了表示自己很有眼光，选弓选得很好，去找专门做弓的弓匠。老师傅已经八十四岁了，从六岁学做弓开始，做到八十四岁。太宗很得意：“老师傅啊，你看我这把弓怎么样，怎么样嘛？”

师傅一看：“皇上，这是你买的弓？”

“对啊，四千两黄金啊，价值连城啊，宝弓啊。”

“皇上这把弓啊，乍看之下果然是良弓，是宝弓。”

乍看之下，什么意思？唐太宗不是呆子，一听，“嗯？老师傅你是说我四千两黄金白丢了？这个乍看是良弓，细看是烂弓？”

“皇上我没这么说。”老师傅怕杀头。

“不，你讲没关系，你放心地讲，怎么回事？”

“皇上……”

“我不会杀你的头，你讲，我听真话，我不听假话，不听谎话，不听瞎话，不听大话，你给我讲真话。”

“皇上，那我就讲真话。这把弓，乍看是良弓，可是做弓的木材选料要很谨慎，它这个斜理脉络是往下斜，弓的目的是要射箭，如果这把弓射的箭不准，这弓有什么用？脉络都往下斜，所以你瞄准好射出去的箭都会往下飘，既然射的箭不准，会往下飘，这能算良弓吗？”

太宗一听，“我明白了，我原来搞不清楚，以为是良弓，我又很会射箭，明明瞄好的，怎么一射箭都往下掉呢，怪了，现在我明白啦，原来是脉络的问题。哎呀，你讲的好啊，赏，赏黄金四十两。感谢老师傅啊”。

第二天他把弓带上朝了：“各位这把弓怎么样，怎么样？”一片歌德颂德之声，“皇上恭喜啊，你得了良弓啊”，“皇上不得了啊，你洪福齐天啊”。

只有王珪哼了一声没讲话，魏征也哼了一声没讲话。

皇上说：“你们怎么了？”

“哼，皇上，是不是良弓你心里明白，何必拿到这边秀。”

皇上点点头：“各位，看来王珪和魏征是知道了。你们啊就是会奉承而已，真话都不敢讲啊，就他们两个，一句好话都没讲，还摆个脸孔。我知道你们要说什么了，烂弓，对不对？哈哈，四千两白花了。我是一个射箭的能手，从小玩弓玩到大，尚且会对它判断错误，何况治国不是我的专业，管理不是我的专业，所以在管理过程中犯错的机会大不大？肯定更大。因此你们学学王珪，学学魏征，以后有什么东西你们要告诉我呀，不能瞒我呀。”

就从这个时候开始，群臣谏言上瘾了。

历史上对王珪的评价就是品行端正，而且知晓先后，该进该退，行为完全合理。后来太宗让他定五礼的范本，让他当太子的老师，为什么？他对儒家仁义礼智信的理论和执行，做得很好。史学家又评他为人雅正，疾恶如仇。说这个人气质非常好，温文尔雅，而且疾恶如仇。这么一个好的人能够作为国家的宰相，这个国家好不好？太好了。

有一次有人问荀子：“请问先生，要怎么样才能把国家治理好?”

荀子说：“闻修身，未尝闻为国也。”

“为什么?”

“君者，仪也，仪正而景正；君者，盘也，盘圆而水圆；君者，盂也，盂方而水方。君射则臣决，楚王好细腰，宫中有饿人，故曰：闻修身，未尝闻为国也。”

这是荀子讲的话。人家问他怎么把国家治理好？他说我只听说过怎么把身修好，没听说过把国家治理好的。君，领导人，就像照相机一样，照相机正了，拍出来的景就是正的。两千多年前哪来照相机？奇怪了，荀子就这么说了。难怪美国人说，荀子肯定是外星人，不是地球人，不然他怎么可能讲这种话？“君者盘也”，领导人像盘子一样，盘子是圆的，装的水就是圆的。“君者盂也，盂方则水方”，领导人像盂一样，它是方的，装了水就是方的。所以“君射则臣决”，领导人心里在想什么，下面的人肯定去配合他、奉承他。信不信？你们的老板喜欢喝咖啡，一早你们就在那煮咖啡了，老板进来端给他一杯；喜欢茶的就给他泡茶，顺着他。所以领导人喜欢做什么，下面人一定配合他做什么，企业文化也是这样形成的。正面的企业文化、组织文化建立在领导人正确修身的基础上。

汉朝的风俗文化为什么好？领导人重视修身，重视仁孝，风气跟着就造起来了。一个组织里面，领导人带头作假，下面当然跟着作假，风气就是这样带出来的，所以“君射则臣决”。

因此荀子说了，楚王好细腰，楚庄王喜欢腰细的女人，那么女人为了得宠，又买不到减肥药，怎么办？饿，不吃饭，“宫中有饿人”，宫里就有饿死的人啊，不吃饭嘛。

所以我只听说过修身，没听说过治国的，所以领导人把身修好了，风气好起来了，变成正面的文化，这个组织自然走上正轨嘛。

王珪在唐中央里面是一个带头谏言的人物，唐的整个制度的建立，礼的建立，仁孝治国的建立，用人才的建立，纳谏的建立，以德治国的建立，礼的恢复都在王珪的手里逐渐形成。所以太宗才会讲，你要是常在我身边，我永远都不会犯错呀。在七大宰相团成员里面王珪列第三，可人不能长生不老啊，贞观十三年，王珪六十九岁那年，死了，皇上大哭啊，我断了个右手啊。他比魏征长十岁，死得比魏征早。

纵观王珪的一生，他修身修己非常严谨，品行非常端正，对国家尽忠，对母亲尽孝，对兄弟姐妹照顾，对照顾过他的亲属，统统给予回报，生活非常勤苦节俭。当时皇上规定，三品官以上要设宗庙祭祖，他没钱啊，钱都给了亲族了，没钱建宗庙。人家弹劾王珪三品官居然没有建宗庙，违背皇上的指令。皇上把他召来了，他去跟皇上谢罪，接着说：“皇上你到我家里看看，两室一厅呀，我到哪里设宗庙，我的房子这么小啊。”“那你的薪水呢？”“我亲族这么大，不胜烦举，我统统都捐给他们了。”太宗知道了就没有责备他。

王珪被史学家誉为谏官的典范，只是因为野史里讲得少，很多人不知道有王珪这个人，现在听一听，了解了吗？我们该学学人家呀，我们要成为好的王珪呀，这样我们的公司、我们的社会、我们的国家才能够更强大。

很高兴我们把王珪介绍完了，下一集我们将继续介绍李靖。谢谢，再见。

李靖

泽国江山入战图
生民何计乐樵苏
凭君莫话封侯事
一将功成万骨枯

一将功成万骨枯

李靖

上

各位朋友，大家好！我们继续探讨宰相，现在已经轮到唐朝的李靖了。李靖比我们上几集谈的王珪可能有名多了，因为王珪没有被神化，而李靖被神化了。

李靖他们家里人的名字都取得很有意思，他哥叫李端，字药王，李靖字药师。佛经里面有药王、药师两个菩萨，他们的字大概就是取的这个吧。李靖生于公元571年，比王珪小一岁。可是他多活了几年，王珪只活到六十九岁，他活到七十九岁，所以晚生没有关系，活得长才重要。

李靖很有意思，神话中对他的描述很多，尤其是两部小说，一部是

《封神演义》，还有一部是《西游记》，都把他写成托塔天王。为什么会变成这样子？因为李靖战功彪炳，死后被封为卫国公，老百姓为了纪念他，建了个庙把他拜了起来——这是中国人的习惯，喜欢哪个人就建个庙把他拜起来——到了唐朝末年李靖就完全被神化了。

各位可能会发现一个问题，一到所谓的末年，就是这个王朝快要完了，朝政混乱，民生凋敝。我在前几集讲过，每一个王朝建立以后，最重要的都是把老百姓安顿下来。怎么安顿？古代是农业社会，有土斯有财，让每个农民都有田地可种，这个社会就安定了。

奇怪的是，每个王朝都一样，刚开始大家都授田，给每个百姓都授田，社会很稳定。但二十年、三十年以后，因为经济发展的需要，土地开始私有化，开始互相兼并。汉朝、唐朝虽然是盛世，但后来兼并的模式是一样的，有四大霸——中央的官霸、地方的官霸、地方的财霸、地方的地霸，地霸就是地主、恶霸、黑道。这四大霸联合起来炒作土地。

土地炒到最后就集中在几个人手里了。汉朝末年，三千人占有全国的土地；到唐朝灭亡的时候，八百人就占有了全国的土地。

土地兼并使得老百姓统统变成了佃农，再加上打仗、战乱，老百姓生活很苦，于是心灵上就需要有个寄托，就会把这些了不起的英雄人物神化，来作为寄托的对象，拜他，希望得到他的保佑。传说中这个李靖死后常常显灵，那就更灵了，大家就都拜他了。后来的小说家写的神话也取材于此。

《封神演义》里李靖生了三个儿子，分别是金吒、木吒、哪吒，哪吒后来把龙王的孩子抽了筋、弄死了，龙王来报复，非要杀他不可，哪吒就自杀死了，是太乙真人把他的魂魄收走，用莲花把他又复身了。所以哪吒和他爸爸关系不好。这是小说。

到了《西游记》里李靖更厉害了，变成了玉皇大帝的一个重要的伏魔天王，老大金吒侍候释迦牟尼佛，老二木吒侍候南海观音，老三哪吒是天庭的大将。这是神话。

但是我们今天不谈神话，我们实实际际来谈唐太宗为什么会把李靖画下来，作为二十四名重要的开国功臣摆在凌烟阁里面，时常去瞻仰。

历史上对李靖的评价，第一，是才兼文武。这是王珪对他的评语，他是文武全才，满腹经纶，了不起啊。第二，是出将入相，出可以为将，入可以为相，文武皆通。第三，是老成持重。年纪小小的，已经非常稳重了。

李靖十几岁就可以跟当时隋朝的三大名将谈军事，谈军事布阵怎么布，作战怎么作，战略怎么部署，兵法怎么用。他舅舅叫韩擒虎，是隋朝三大名将之一，这个韩擒虎讲，我们家族里面这么多的孩子，能够谈兵法的“就此儿尔”，就这个啦。而且李靖长得又好，身长九尺，古代大将军很少有矮个子的。古代打仗靠什么？刀枪。个子不够高，那么重的兵器怎么拿得动？兵器长而重，速度快、准、狠，才能活下来。所以一将功成万骨枯，一个人成为名将，多少人是死在他的刀下，而不是他死在别人的刀下。打仗要冲锋，个子不高、能力不强，怎么可能啊？

比如官渡一战，袁绍的大兵几十万，曹操看见袁绍就骂他：“袁本初！我在天子面前举荐你为大将军，你为何谋反？”

袁绍一听，回骂道：“曹阿瞒！你挟天子以令诸侯，我奉诏要讨伐你！”

古代的两军相骂也奇怪，隔这么远，又没麦克风，能听得到就怪了。骂完了，曹操转过来“来人，给我拿下”，袁绍也“来人，给我拿下”，三天三夜，几十万大军乱劈，根本搞不清楚谁劈谁，连谁被谁砍了都搞不清楚，而且厕所也不敢上，饭也不敢吃。谁敢下马上厕所，马上就被砍掉了。仗打了三天三夜，没这个体力怎么存活呀？而李靖身高九尺，古代一尺是二十三厘米，李靖就是两米零七。

李靖还是唐朝第一美男子，面如冠玉。难怪《虬髯客》里面的红拂女一看到他就爱上了，哎哟，真酷啊！这也难怪了，李靖长得真好啊。

隋朝另外一个大将杨素，平常眼很高、瞧不起人，可是他一看到李靖，谈了几句话之后，就说："哎呀，人才啊！"这种恃才傲物的人居然会佩服李靖，当时李靖才十几岁，杨素还拍拍自己宰相的位置，告诉李靖："公当坐此尔。"你早晚要坐我这个位置啊。

隋朝的吏部尚书叫牛宏，是隋朝第一相士，看人非常准。他看到李靖后惊叹道："公将来必佐君王。"你将来一定会辅佐君王，你是上上等的人才。

而李靖也没有让他们失望，从小就拍胸脯跟父母讲："只要我有一天能遇到明主，我一定会立下大功，以扬家业，一定立名万世。"李靖从小就有这样的目标了。

很多小孩子为什么后来成就不大，因为从小没目标啊。我在学校问大学生，毕业了，对自己的前途有何打算？不清楚。想继续升学的请举手？就业的请举手？不知道。老师，我还没有决定。大四还没有决定，那你要大几才决定？就算毕业想嫁人，也得有个目标要嫁谁、要嫁什么样的人，要事先准备啊，要做陷阱让他掉下来，不然他怎么会追你呢？你都得有计划、有执行啊，不能漫无目标地过日子。父母亲想要孩子有前途，就要从小帮他做好生涯规划，父母亲有责任、有义务把孩子带好，不要以为孩子听不懂，现在信息发达，孩子学得很快。你别怕他听不懂，从小你就让孩子自我理解，自我认知，了解自己的实力、能力、潜力，知道自己的人格特质、兴趣，明白自己将来能做什么。

李靖早就定了，七岁就跟父亲说过这样的话了。中国历代以来，所有了不起的人都是从小志向、目标清楚。曹操六七岁的时候，爸爸带他上小学，就是去报到嘛，小学一年级。碰到校门口有个算命师，曹操父亲好奇嘛，就把孩子带过来："你看我这孩子怎么样？"这个相面的一看到曹操的脸，不敢讲话了，你不要看他才六七岁啊，算命师不敢讲。

"先生，你就老实说没关系，我的孩子将来到底如何？你老实讲没关系。"

"哎呀，我不好说啊。"

"没事，你讲。"

"你硬要我讲？"

"你讲。"

"你这小孩将来是治世之能臣，乱世之枭雄。"这个社会如果安定，是盛世的话，他将是了不起的能臣；如果是乱世，他将是了不起的枭雄。

等一下我们讲完课以后，你到外面去，找个小学，对小学一年级六七岁的学生说："小朋友，你将来是治世能臣、乱世枭雄啊。"他听都听不懂，才小学一年级啊。可是曹操一听就知道意思，可是不敢显露出来，不敢惊动大家，就装作一副听不懂的样子。等他回家后，看家里没有人了，才跑到后门去哈哈大笑："我是治世能臣！我是乱世枭雄！"跟刘邦一样，一笑，后墙全倒了。

曹操七岁就懂得掩饰自己，厉不厉害？现在的孩子哪里会掩饰自己？曹操七岁就会掩饰自己了，怕被人家知道，城府之深啊。所以三岁看八十，小时候行，长大还是行啊；小时候不行，长大也可以行的，要靠努力啊，要靠爸爸妈妈辅导、靠教育。但有些人小时候行，长大反倒不行了，因为没有给他教育的环境，很可惜啊，所以宋朝才有《伤仲永》这篇文章。

李靖到了十几岁的时候，第一次进入政治圈子。也就是说李靖是在十六岁的时候就参军了，当个小班长，从这里开始立功，到了十九岁，随着朝廷的部队南下征服陈国立了大功，十九岁当了三个县的县令，等于现在兼任三个县的县长和县委书记。才十九岁啊，快不快？好快啊！

所以李靖是少年得志，十几岁就非常沉稳。历史上说他少年老成、少年持重。而且这个人宽宏大量，胸襟非常宽广，思虑非常细密，多谋达变。作为一个将领要做战略部署，调兵遣将，思虑如果不细密的话，岂不容易上敌人的当？

打仗啊，两边都在搞计谋、搞谋略，你以为是靠蛮力在打？战略部署是要靠脑袋瓜的。战国时代有个“名将”，他是因为失败了所以有名，这个人叫赵括，他爸爸叫赵奢，也是个大将军，死掉了，临死前就知道这个孩子不行，纸上谈兵还可以。白起率大兵伐赵，赵王急诏这个赵括为三军总司令，抵御秦军。

赵括的妈妈跑去见赵王：“启禀大王，启禀大王，我儿子不适合啊。”

“为什么不适合？”

“哎呀，他不懂军事。”

“他怎么不懂？他军校第一名毕业的，他的论文你看了没有？论文还在国际期刊上被登出来，这么了不起怎么不行？”

“哎呀，大王，我的儿子是纸上谈兵啊，他打不了仗，当时我先生在的时候就骂过他了，告诉他以后不准带兵，否则要误国误民。大王如果你坚持要用我儿子率兵，那我先讲好，万一打败仗了，罪不及族。”

听懂意思了吗？要是打败仗了，诛我九族还得了，是你要用他的，我是反对的呀，万一真打败仗啊，对不起，罪不及族，大王，你先搞清楚。

大王一听，说："那行啊。"

就这样，在地方法院公正，立了契约书。后来赵括果然全军覆没，赵军被白起活坑四十万。

可是李靖不一样，他是多谋达变，不会死板地根据兵法上讲的去做，他懂得权变，视战场的情况灵活变通。

管理也是一样啊，美国有一个管理学家叫菲德勒，他讲了一段话，管理上不要管它属于什么派什么门，能够把公司管好、让公司赚钱，它就是好派。这个理论跟我们小平同志讲的一样啊，黑猫也好、白猫也好，能抓老鼠就是好猫。完全一样的道理，权变的最高指导。美国到1985年才讲权变管理，中国早在汉文帝的时候，陈平就告诉汉文帝，要懂得权变管理。所以美国的管理落后中国几千年？两千年。

如果有学管理的，我建议你回去把中国的古籍好好看一看，你会发现看完中国古籍再看西方的管理学，那就像是读完了博士再看幼儿园的书，太浅了，你把《管子》看看，你把《荀子》看看，你把《韩非子》看看，再回来看西方那一套，太浅了！可惜啊，我们中华民族留下这么多宝贝，有多少人在看？在座的很多是高学位、高学历的大学生、研究生，有多少人在管理学院看《荀子》、看《韩非子》、看《管子》？所以我在学校研究所开了一门课叫领导学，有学生来修我的课，他们的概念中我应该讲西方那一套，没想到我讲的书是《管子·牧民篇》、《荀子》的全部、《韩非子》的全部，再加上四书。

"老师，干吗读这个书啊？这跟管理学有什么关系啊？"

"老师讲什么你读什么啊，暂时不要问，问了也是白问，你问了我还是叫你读，你不问我也叫你读。”不但读，还强迫大家背《大学》跟《中庸》，期末写不出来的，当掉。自己的底子稳了，再学别人的。学习要像装个过滤器，适合我们中华民族文化、适合我们国情的，我们过滤留下来；不适合的，要把它过滤掉。不是西方的都是对的，西方固然有好东西，但不适合我们的，就要把它过滤掉，不能全盘照收。现代化不等于西化，很多人搞错了，以为搞现代化就是搞西化。我们国家要的是现代化，不是西化。

所以中国的古籍、优良的制度文化一定要守住，不能丢光啊。

好了，我们再来往下看看。

李靖在官场也很顺，十九岁就当了三个县的县令，到了三十一岁，已经当了兵部的员外郎，相当于现在国防部里面的一个司长，奉命调到最前线去。到最前线去干什么？去挡突厥。同样是那一年，李靖的另外一个舅舅韩洪跟李靖的哥哥李端出兵抗突厥，在恒安镇大战，因为没有援兵，输了。在国外打败仗，会怎么处置司令官？还好没有被杀，只是被贬为平民。所以说李靖调国防部的时候，哥哥跟舅舅刚好战败。

李靖四十六岁那一年，中央知道他有军事才华，把他调到最前线去，在马邑这个地方挡突厥的第一线，这里已经是现在山西省那一带了。

到了那个地方，李靖发现他的长官李渊好像有异志，有谋反的征兆。既然有谋反的征兆，怎么办？因为李靖受过特务训练，他在美国中央情报局受过训的，马上窃听、搜集情报，李靖从偷听讲话当中知道，李渊果然要谋反了。

在隋朝，部属告长官谋反，不管告他什么，只要是部属告长官，都要自己装上手铐、脚镣，以示慎重。李靖是个老实人，虽然他已经四十六岁了，还是自己戴上手铐、脚镣往京城去了，准备告诉皇上，说李渊谋反。就是因为李靖揭发，让李渊措手不及，其实李渊本来没有那么快要反的，现在李靖把他揭发了，而且是亲自去的，李渊这下慌了，怎么办？只有提前行动了。

当时坚持一定要反的是李世民："父亲大人，你这个时候不反，就只有死路一条了！"

李渊匆忙之间反了，没想到这一反还真顺啊，这说明隋朝的腐败到极点了。

我以前读《毛主席语录》有一段，原来不懂，现在懂了，"风吹墙倒"，主席讲的，风吹、墙倒。风怎么有能力把墙吹倒？如果这个墙本身的根基没有腐败到一个程度，风怎么可能把它吹倒？所以不是风把它吹倒，是墙腐败到一个程度以后，借风而倒。

李渊突然反了，一下子这么顺，打到长安了，他也没想到这么快啊，怎么这么快？有没有搞错？早知道，我去年就反了，何必拖到今年。就这样打进关中以后，李靖这个傻瓜还把自己铐着，准备去中央报告，结果在路上就被截获了。被抓了怎么办呢？送去给李渊。

李渊站在那里："小子，你差点坏了我的大事，还跑去报告。"

李靖说："我是隋的官员啊，我不报告就是没有尽忠职守啊，我没有错啊。"

"还强辩，差点坏了我的大事。"

如果我是李靖，我就说："我是成就了你的大事，我要不举报你会提早起义吗？你要感谢我啊，你还要骂我。"有没有错？当然李靖口才没这么好，历史上记载，李靖这个人是非常坦荡的人，非常坦白的人，而且他不太讲话，话不多。

《易经》上有一句话："德薄而位尊，知小而谋大，力小而任重，鲜不及也。"三种领导人一定撑不久，很危险。

第一种，德薄而位尊。德没有那么高啊，可是位置坐那么高。德行不够，就爬到那个位置上去，在现在管理学上叫做职位跟地位不相称，绝对坐不稳。

第二种，知小而谋大。知，就是智，智慧的智，智小，没有那个智慧，谋又大，老是要搞谋略去跟人家斗，肯定死得早。

第三种，力小而任重。力量很小，但责任却那么重。只有当个小市长的能力，却要去当个什么省长，像台湾那个陈水扁，本来只能当个市长，但是他要当什么"总统"，不搞垮才怪。所以人要量力而行。

其实还有第四种，言多而功鲜。话多，每天讲很多话，却没有绩效出来，没有成就，叫言多而功鲜。

这四种人叫"四必失"，领导人犯这四种毛病，一定危险。

李靖这个人，话不多，可功绩很显著，所以他当然不会死，后来还被封为卫国公。

这时候马上就要杀头了，他跟李渊讲了："我身为隋朝的官员，我不举报，就是不忠于朝廷。"

李渊很愤怒啊："还强辩，砍了！"

这时候再不讲话，就要被砍掉了，一辈子都不能讲话了。李靖没有惧色，站起来挺直腰："公起义兵，本为天下除暴乱，不欲就大事，而以私怨斩壮士乎！"李渊举兵反隋目的是什么？平乱世，救人民于水火啊。要成大事，却还惦念着那些私仇，哪能成功啊？李渊愣住了。一般临刑的人都是磕头，"不要杀我"，可是李靖却这样讲，铿锵有力啊，李渊被镇住了，愣在那里没有讲话，卫兵架着李靖也不敢动了。

这时候一个年轻人跑进来了，就是李世民。李靖只比李渊小五岁，李世民小李靖二十几岁。李世民冲进来跟父亲讲："这个人不能杀，刀下留人，我要。我们现在要平天下，正是需要人才的时候，李靖向来有军事上的才华，人品又高尚，这样的人不能杀，举报于隋是尽他的职守，他并没有错。"

李渊想想，也对，算了算了，就没杀他，把他放了。三年后，李靖四十九岁那一年，被李世民引入自己的幕府，变成他的军师，辅佐他，全权处理军事事务。

当时是天下大乱，北方有王世充，南方有萧铣。李靖奉命平南，率部队往南走。李靖往南打的时候，也没有那么顺，李渊只给他八百骑，八百个人。可萧铣当时是有充足粮草的，部队有四十万，你只给他八百人去打四十万人，有没有搞错啊？

为什么？李渊胸襟小，虽然放了李靖，可是心里的恨还在。李渊的儿子到最后自相残杀，就能够看出有时候他不够理性，而且胸襟也小。

李渊只给了八百骑，李靖打得很辛苦啊，在打得非常辛苦的情况之下，李渊认为他找到借口了，心想：你抗命啊，你按兵不动，就没有战功。就密令当时的司令官，叫许绍，去把他杀了。李渊还是想杀李靖，当时没杀他是李世民求情，现在想一想，还是把他干掉算了，免得将来又背叛。

许绍这个人很会看人，他就私下给李渊讲了："这个人不能杀呀，他有才华呀，有军事才华，我们现在正在打仗，需要人。"

李渊说："那我不管，三年前的恨还在，要不是他举报，我不会打得这么苦；还有，他违抗军令，按兵不动。"

"皇上，他没有违抗命令，你给他八百人，人家四十万，他怎么打呀？他打得很辛苦啊，而且八百人还能存活，越打兵越多，这就说明他是有能力的人。何况阵前易将，非吉也。阵前杀功臣，非吉也。皇上，你想一想当年的袁绍，想一想当年的刘邦啊。”

“袁绍怎么了？”李渊问他。

许绍给李渊讲了，当年袁绍南伐曹操的时候，率七十万大军南下，当时的谋臣田丰就说：“主公，现在不能伐曹啊。”

袁绍问：“为什么？”

田丰说：“三年前我建议你伐曹，你以身体不好为由，不肯伐。当时是最好的时机，你不肯动。兵法讲得很清楚啊，道天地将法。道是全军上下有共同的思想、共同的目标、共同的目的、共同的价值观、共同的理念、共同的信仰，这叫上下同欲者胜，这是道。全军上下有共同的思想、共同的目标、共同的理念、共同的价值观，这样才能变成真正的团队运作，这样才会赢啊。

“天是什么？不一定是气候，而是机遇，是机不可失，这叫天。机遇一旦失去了就不会再来了。三年前我要你打曹操，你不打，你失去了机会，失去了天。

“现在曹操拿下徐州，拿下河南，又迁都到许都，挟天子以令诸侯，南方统一了，兵多将广粮足；反观我们北方，你看看是什么样子，三年天灾，粮食不足，连部队都面有饥色，你现在才伐曹，怎么伐啊？现在不能伐呀。”

这袁绍一听：“现在不能伐？那什么时候伐？”

“再过几年。”

“再过几年我可能都不在了，再过几年？刘使君，你认为呢？”

刘使君就是刘备啊，刘备多么希望他伐曹啊，“明公，现在伐曹正是时机”。

“为什么？”

“曹操刚刚统一江南，还没站稳，羽毛还未丰；刚拿下徐州，徐州的部队军心不稳，还在对抗；又挟天子以令诸侯，已经变成天下公敌，变成曹贼，天下都可以打他。明公，你现在举兵伐曹是举义旗呀，正义在我们这一边，天下响应啊。这是伐曹的最好时机，怎么不伐？”

袁绍一听，“对啊，正义在我这一边啊”。他忘了一句话，一千三百多年以后统一日本的德川家康讲过一句话：“对方也说，正义在我这一边。”正义在谁那一边是看战争的结果。我打赢了，正义在我这边啊；我打输了，谈什么正义？对方说，正义在我这一边，德川家康说，哈哈，我告诉你，正义在哪一边是看战争的结果，历史是打赢的人写的，而不是打输的人写的，你搞清楚。

刘备的这个谏言正合袁绍之意。“那好，来人啊，发兵南下。”七十万大兵发了。

田丰跑在院门口挡住：“袁公啊，曹操不可伐啊，你要不听我的，我将看着你出去，再也看不到你回来啦。”

袁绍一听：“可恶！你唱衰呀！来人，拉下去，砍了！”

刘备说：“不不不，明公，大军欲动，斩谋臣非吉也。”

“那好，打入地牢，我灭了曹操回来再处理你。”

就这样，田丰被关到牢里去了，锁着链子，结果袁绍伐曹，爆发了历史上著名的官渡一战。

可惜啊，袁绍的谋臣这么多，所进的谏言袁绍却根本听不进去。曹操批他多谋少断，谋略很多，却搞不清楚用哪一个，生性又多疑，胸襟又狭窄。

我们读历史的目的是读到很多经验，要成大功立大业，就不能犯这些错。该果断时要果断，胸襟一定要宽广，要多听谏言，考虑事情要理性，不能太感性。

许绍跟李渊说："这一段历史你应该记得啊，大兵要动不能斩谋臣啊。当年刘邦伐匈奴不也犯一样的毛病吗？你记得吗？"

刘邦伐匈奴有什么毛病？我在前两集讲过，一个领导人分两个特质，创业型跟守成型。刘邦是属于创业型的人格特质，创业型的特质有一个特征，思维很快、很敏捷、很果断，是非分明，敌我清楚，可是有一个缺点，静不下来。统一中国以前天天打仗，他忙得要死，但忙得很快乐。等到项羽被打败了，中国统一了，没事干了，刘邦苦死了，哎呀，没事干。创业型的领导就是这样，静不下来，又没仗可以打了，那怎么办？看来看去，国内没仗打，不如打国外，打匈奴去好了。可刘邦又很聪明，打匈奴，虚实得搞清楚啊。匈奴的虚实没弄清楚，贸然出兵会有什么结果？所以他想了一个谋略，把刘敬给找来了，刘敬原来叫"娄敬"，刘邦给他赐姓"刘"，所以改名叫刘敬。

刘邦告诉他："你带个使节团去给匈奴的单于拜拜寿。表面上拜寿去了，实际上你好好地把匈奴的虚实给我打探回来。"

使节团出发了。

匈奴的单于很聪明，一算，"小子，你来给我祝寿？你肯定是来探听虚实的"。就把最精锐的三十万部队藏起来了。

我们一般有外宾来的时候，在广场上受阅的是什么兵？身高不能矮于一米八，都是最标准的，全部一样高，展示国威。可匈奴不是，让使节团来阅兵，把精锐藏起来了，出来的全部是老弱妇孺，老的老，病的病，连童子军也叫出来了，歌舞团、文工团统统出来了。

刘敬一看，怪了，人家使节团来，你本该展示国威的，怎么都是这种人啊？怎么回事？

去了两个星期，使节团回来了。刘邦问："匈奴可不可伐？"

刘敬说："皇上，按理说，我们到了匈奴国境以后，匈奴应该是展示国威给我们看，可展出来的却是老弱残兵，连歌舞团都出来了，这不对啊，我觉得胡人多诈，肯定把精锐给藏了。我认为这是在引诱我们。一旦进去了，再把我们围起来全部消灭！皇上，我的建议是，匈奴不可伐，要伐匈奴，得再等待一段时机看看。"

刘邦一听，"哎呀，我三十几万大兵都已经征调好，准备出发了，你突然叫我不要伐，哎呀"。

随刘敬去的副团长很会察言观色，一看皇上很想打，就告诉皇上了。

到底他给皇上说了什么？刘邦到底有没有去伐匈奴？产生了什么结果？许绍拿这个例子告诉李渊，有没有使李靖得救？我们下一集继续说明。

谢谢，谢谢。

下

各位朋友，我们继续讲李靖的下半段。

上一集讲到许绍为了救李靖，给李渊讲道理，举了袁绍和刘邦的例子。刘邦代表团的副团长跟刘邦说："皇上，刘敬他不懂军事。什么匈奴把精锐藏起来，皇上，你想想看，几十万大兵藏起来不吃饭？不拉撒睡？没有活动？怎么可能藏起来？三十万人不是三个人啊，那么好藏？我们不是去一天两天，两个礼拜都没有看见有异动。所以皇上，显然我看到的不一样。匈奴年年扣关，能征能打的将士早就死光了，剩下老弱残兵啊，皇上，你不趁现在伐匈奴，难道等匈奴的下一代长大后再伐？这是好时机啊。”

皇上一听：“你讲得对，我箭在弦上能不发吗？伐匈奴！”

三十几万大兵动了，刘敬跟田丰一样，跪在辕门口苦求：“皇上，匈奴不可伐呀，你要不听我的，我看着你去，恐怕再也看不到你回来了。”是不是一样？历史在重演啊。

刘邦一听：“可恶，你给我唱衰啊。拉出去砍了！”

陈平说：“不不不，皇上，大军未动，斩谋臣非吉也。”

“那好，打入地牢，回来再斩。”刘敬跟田丰一样，被绑上了。

官渡之战的结果是袁绍七十万大军大败啊，剩下十二个人回来了，几匹马回来了，败军之将回来了。

田丰在牢里，狱卒跟田丰说：“哎呀，恭喜啊，田大人。”

“喜从何来？”

“主公没听你的，伐曹大败，七十万大军丢光了！跟玩股票一样，输光了，没了。剩十二个人回来。这下你一定升官发财。主公一定感激你的预见能力真了不起啊。”

一个好的主管一定要有预见能力，知道事情会怎么发展，会发生什么事，好提防、好处理。你这么有预见能力，主公一定感激你，一定欣赏你，回来你升官了。

田丰一听，大哭：“完了，完了。”这一哭更说明田丰的预见能力。

"怎么回事？你怎么哭了？"

"哎，主公的为人我太清楚了。这场仗如果打赢了，主公高兴，就可以免我一死。这下打输了，他一定要找借口说我帐前辕门哭军，唱衰他，所以输了。我的脑袋保不住了。"

果然没有错，袁绍通过电视台转播，向全国宣布，这场战争本来会赢的，可是为什么输了？就是田丰唱衰，所以才输了。于是把田丰砍了。这是袁绍的为人。

刘邦也打输了，被困在平阳关跑不出来，还好有陈平出奇计才把他救了回来。

刘邦一回来，文武百官站两排，欢迎皇上回来。

刘邦是遮着脸回来的，哪还有脸见人啊，他没有回皇宫，直奔地牢。到了地牢，刘邦亲自拿钥匙给刘敬打开枷锁，请他出来，拿了一个凳子，请刘敬上坐。刘敬当然知道皇上打了败仗回来，可他搞不清楚，为什么皇上突然把他解开，还要让他坐好。

刘邦对着刘敬跪下去。"朕未听子之言，故有今日之辱。"我因为没有听你的话，才有今天战败的耻辱啊。三十万啊，我的三十万大军，都是我的子弟啊，哪一个不是我的孩子啊，人家有父母亲啊，我把人家带走了，却没有带回来，我刘邦拿什么脸去见人家父母亲啊？刘邦大哭。

我前几集讲过，一个好的领导人一定要懂得诊断跟自省。一个领导人如果没有自省能力，很难成功。

这样看起来袁绍和刘邦哪个有自省能力？太清楚了，难怪袁绍会失败，刘邦的自省能力非常强，而且承认是自己错了，还跪下去了。

刘邦是皇帝啊，刘敬是臣啊，皇上跪臣还成何体统？所以刘敬站在那里一看，皇上跪下去怎么办？他也没想到皇上会跪下去。怎么办？难道一看皇上跪了就说："啊，皇上平身，平身。"你敢喊"平身"啊？你不要命了？刘敬把凳子一踢开，当场跪下去，君臣抱着哭啊。

起来后，刘邦告诉刘敬："从今以后，你留在我的办公室当我的办公室主任。有什么事直接谏言。"

一样的故事，可是刘邦的反应、处理问题的方式跟袁绍完全不一样。我们读历史，要想一想该学谁。

许绍告诉李渊："皇上，你不能这样子。"李渊听懂了，才没有杀李靖。

果然没有错，李靖后来平定萧铣以后，李渊自己讲了一段话："当年我命令许绍杀李靖，许绍就请命，说不能杀，还给我举了袁绍跟刘邦的例子，其实我是不想听的，但是因为许绍跟我小时候是同学，一起长大的，看在这个份上我才听许绍的话的。要不是许绍，不管是谁谏言，我一样照砍。可今天看起来，我没杀李靖是对的呀。李靖是真了不起啊！萧铣那么大的势力，七个月就平掉了，体现出了李靖的军事天才。古代的战将，就算什么李广、李陵、白起、王翦、卫青、霍去病在，我看也未必比我的李靖强啊。我终于明白了，使功不如使过呀。"

李渊发了个诏书夸李靖，意思是你做得非常好，朕很高兴！将来荣华富贵少不了你，又亲笔写了一个小条子传给李靖，写着"既往不咎"，意思是说对你过去的那一切，我不会再计较了，而且我对你的不满情绪也已经全部消失了，忘光了。

各位想想看，如果你是李靖，接到皇上亲自写的条子给你，又下了诏书表扬你，你高不高兴？肯定高兴。可是李靖接到表扬的诏书，接到那个条子，脸上却没有什么表情。

许绍一看，"皇上表扬你，而且都既往不咎了，你怎么没有很高兴的样子啊？要是一般人早就高兴死了”。

李靖说：“我本来就是该判死刑的人，皇上没有判我，我知恩得图报。既然我坐了这个位置了，这就是我该尽的责任，我只是尽了作为一个臣子、一个将军、一个将领该尽的责任，这有什么好表扬的，有什么好高兴的。不管皇上表不表扬我，这件事本来就是我该做的，为了受表扬才把这件事做好，那就不是一个好臣子了。”

到了李靖五十岁的时候，他平完萧铣后去平岭南，陆军一路往下发到广西。隋朝末年后，两广南部这一片蛮人多。那时候北方叫北狄，东方叫东夷，西方叫西戎，南方叫南蛮，不是中原人，风俗习惯不一样。好不容易隋朝统一了，把他们归纳进来，可隋灭亡后，他们又脱离中央，自己有自己的文化、自己有自己的语言、自己搞了一套，跟中原格格不入。

李靖到了，要用兵讨伐还是要用礼教把他们规范起来？当时部队里面也争，朝中也争。

主张兵伐的人说：“应该武力讨伐，让他们好好知道朝廷的威风。”

李靖说：“不可以这样子啊，哪一个没有父母，哪一个没有兄弟姐妹，哪一个没有妻子儿女啊？杀来杀去，万一杀到的是你家人，你高兴吗？”

自古以来很多武将都不喜欢打仗，反而是文人喜欢打仗的多，那是因为没打过啊。没打过仗不晓得，打了才知道，看电影里面，手榴弹爆炸了，“嘣”弹起来，躺下去，还能讲遗言，抽了根烟才死，那些都是骗人的。我跟我的学生说，以后你当兵，手榴弹拔起来你不要丢，放口袋里让它炸，你看会不会弹起来、躺下去，还能讲遗言，还能抽两根烟才死？你早就碎掉了。

武将们在战场待太久了，天天杀来杀去，看得很清楚。所以李靖不喜欢打仗。到了岭南后，他给中央的谏言是孔子所讲的，“导之以政，齐之以刑，民免而无耻”，用政令来管理，用刑罚的手段来约束，“民免而无耻”，老百姓顶多是怕犯罪，但不会以犯罪为耻，所以这是不对的。不能老是用高压的方式，而应该用礼义，“导之以德，齐之以礼，有耻且格”，用道德来引导，用礼法来约束，慢慢地去开导他们，这才是正途啊！

所以李靖到了岭南以后，就去拜访老人和贫苦百姓、了解民情、设立学校，好好教育他们。他调动老百姓征兵服役，但也不会乱调，而是看时间，农民农忙的时候，不会去征劳役。

李靖过世之后，后世史学家用《论语》里的一段话评价他，说他“一生为人，其行己也以恭”，行为非常谦恭；“其事上也敬”，对皇上非常恭敬；“其养民也惠，其使民也义”。

又过了一年，到了讨伐萧铣最激烈的时候。萧铣很聪明，他把农民的起义兵整合起来打最前线，巴蜀的兵很强悍，又守在江边的要道，再加上萧铣的第一大将文士弘能征善战，守住清江口，当时刚好又是秋天，下大雨，江水全涨了，一直到下游江陵这一带。萧铣认为江水涨这么高，李靖要过江是不可能的，就算船顺流而下，也不可能，所以整个守备就松弛了。

唐朝部队的将士们被挡在三峡这一带，船都很难开，加上北方人又不习水性，当时李孝恭也认为，现在不是动兵的时候，不如等雨季后再打。

李靖却不这样认为，这说明了他的军事天才，他这样分析：“第一，因为水涨，所以敌人会以为我们动不了，疏于防范，打仗要打一个措手不及，兵贵神速。应该趁这个时候突击。”

所以萧铣的部队没有想到，唐兵一下子到了清江口，大将文士弘慌了，怕关隘失守，倾关的部队全部出来了，以救亡图存最后一战的方式来迎战。士兵也警觉到，这一仗万一失败了就完了，所以都很勇敢。

李孝恭告诉李靖，既然兵到了，就要速战速决。他们现在是措手不及，所以要速战速决。

李靖说：“战略上我们是这样做没错，可你别忘了，文士弘的部队是救亡图存之战，是背水之战，全军倾巢而出，战斗力极强。我们应该把部队放在南岸，慢慢把他们的锐气消耗掉后再打。”

李孝恭说：“不，司令官，你以前不是讲过嘛，兵贵神速，怎么又变了？”

“你听我的没错。”

李孝恭说：“不，这次我不听你的，我兵贵神速。”

李孝恭不听李靖的，率了大军去迎战。在敌人最锋芒的时候，去跟他对敌，赢的机会大不大？不大。打仗要避开对方的锋芒，等他锋芒弱了，再反击。《曹刿论战》不是这样论的嘛，齐国带兵来伐，鲁国怎么办？弱国啊，只好举兵抵抗。曹刿慌了，跑去见鲁君，问鲁君：“我能随军而战吗？”“可以。”曹刿随军出去了。

到了战场上，齐国“咚咚咚”敲鼓了，鲁军也下令敲鼓，曹刿讲：“不，等一下。”等到齐国鼓过三通以后，他再让鲁军敲鼓。果然打赢了。一看到对方都在奔啊、跑啊，鲁军就喊追。“等一下。”曹刿跳下来，耳朵趴在地上听，再看一看，才说，“大王，可以追了”。战斗结束了，鲁国打赢了。鲁君问他：“你指挥得非常成功啊，你告诉我，你是怎么指挥的？”

“大王，打仗这个鼓是鼓舞士气的重要因素。正所谓‘一鼓作气，再而衰，三而竭’。当齐军打第一鼓的时候，我不打；当他打第二鼓的时候，已经衰了；到第三鼓的时候已经竭了，没有气力了，我们才打，我们正好在鼓气的时候。”

“那为什么你不让我追?”

“齐是大国，你看写兵书的有多少是齐国人啊!《司马法》是司马穰苴写的，还有孙武写的《孙子兵法》。齐人多诈，我怕他诈败，引我们进去围而歼之，所以我下来听听他们马跑的声音跟车子跑的声音有没有秩序。如果是诈败，撤退的时候车子的轨迹、马的轨迹是有节奏的，如果声音已经全乱了，就是真败；再看行旗，如果是诈败，行旗是很整齐的，如果旗子东倒西歪，证明他们是真输了。我才让你去。”

可是李孝恭不听李靖的呀，出去正面迎击文士弘的大军，全给打输了，几乎全军覆没了。可是没想到，文士弘的部队很多是蛮兵，不是正式的梁国大部队，这些兵一看到对方输了，满地丢的都是钱啊、粮食啊、盔甲啊，这么值钱的东西，大家就去抢。自己的武器也扔了，满手扛的、背的都是战利品。

李靖在城上一看，李孝恭输了，他本来无意出兵的，对方打胜仗以后按理讲是锐气最强的时候，不能去应他，没想到对方打赢了居然停下来去捡战利品，每个士兵抱的、扛的都是战利品，李靖一看，总攻！马上集结部队。对方的部队正在捡战利品，一看敌人冲过来了，两手都是战利品，又要走路，拿什么打仗？一下子全军覆没。文士弘就被攻下来了。李孝恭最后不能不佩服李靖，真是厉害啊，用兵如神啊！连下几城以后，巴蜀就平定了。

平定巴蜀以后，李靖顺江而下继续讨伐萧铣，为了防止巴蜀再反导致自己腹背受敌，他马上把巴蜀各族的酋长都找来，统统授予其官职，就留在中央当官。表面上是提拔他们当官，实际上像人质一样，看起来了，那边就群龙无首了。这个策略李渊同意了，这样一来，巴蜀安定了。

狭路相逢勇者胜，勇者相逢智者胜。李靖就是脑子好，打仗不靠脑子，光靠蛮力，那是不行的。

在江陵大破了文士弘，抢到敌人的战舰四五百艘，器具什么的一堆。李孝恭告诉李靖："正好有六百艘的敌舰为我所用，我们可以顺江而下了。"

"不。"李靖说，"把这些船放空，让它们顺江而下。让所有的武器、盾牌也像船一样顺流而下。"刀当然会沉下去，棍子啊、长矛什么的却统统可以顺流而下。

李孝恭想了想，说："不对啊，《孙子兵法》讲因粮于敌，就是说打到哪里就用敌人的粮食，用敌人的军事装备，用敌人的俘虏整编。你现在不用，放空下去？这不是违反兵书所写的吗？"

"你怎么食古不化啊？这是疑兵之计。你想想看，萧铣在最下游，城高而尖，各个点都保护着他。我的空船一下去，让各边的点看到，怎么船都是空的呀？而且军械满河漂，是不是萧铣完啦？要不然哪来那么多空船？迷惑想要去救援的人，这样才能把萧铣孤立起来，才可以一举而破。"

李孝恭听完了，心里还是半信半疑。"真是这样吗？打仗的剧本是你编的吗？你是导演啊？你怎么导，人家怎么演啊？"

李靖不解释，下令："放！"

接着大兵随着空船啊、兵器啊一起下去，空船在前，部队在后。果然满江都是船啊，那些原本想去救萧铣的部队一看，满江都是破船，都是军械，而且是他们自己的船，是不是萧铣的部队已经完了？是不是总部破了？不敢来救。本来救兵已经走到一半了，这下又溜回去了。正巧被李靖给算对了。一下子打到萧铣那儿，萧铣孤立无援，怎么办？投降了。

萧铣投降，唐军进驻。大兵团一旦打胜仗，进到敌人的地盘去，会干什么事？抢啊、杀啊、虏啊。带着武器、有纪律的叫做部队，没有纪律的呢？就是土匪嘛。最倒霉是小孩跟女人。每个进去的都要惹事，李靖挡住了："谁敢违法的，斩！"

李靖带兵，是军纪井然，秋毫无犯，还安抚那些投降的将领。这一传出去，那些还没投降的将领一看，皇上已经投降了，那我们还干什么？投降的已经被安抚了，而且唐军军纪井然，所过之地秋毫未犯，于是所有的城池都投降了。七个月，萧铣集团这么大的王国，全部平定。

李靖一路就攻到了岭南。拿下岭南给唐朝增添了六十万户的人口。古代人口就是力量，"土者，民之本；民者，兵之源；积者，国之固"。土地是人民的根本啊，没有土地，国家就没有众生啊，所以越大越好。"民者，兵之源"，没有民哪里有兵？多了六十万户，唐朝多了几十个郡，实力大振，所以民者，兵之源。"积者，国之固"，积是经济，经济是国家稳定的根本。苏联怎么会解体？经济崩了，当然解体。为什么格鲁吉亚奔向美国？美国给钱啊。第二次世界大战刚结束，全亚洲最富裕的国家是菲律宾，那时候我姑父是到菲律宾去工作，赚了钱寄回来养家的呀。可是被前总统马科斯贪污腐败两百多亿美金，菲律宾垮了，现在是亚洲最穷的国家之一，从最富到最穷。

国家穷可怜啊，落后就要挨打，别人瞧不起你啊。我们家隔壁有个家庭移民到加拿大去，从台北移民到加拿大去。家里的一个佣人就是菲佣，他想把佣人一起办到加拿大去，就在台北的加拿大办事处给她办手续。结果护照送进去的时候被加拿大办事处的人把那本菲律宾护照丢出来了，丢在地上，还用英文骂："你凭什么去加拿大啊？去加拿大你怎么生活？"扔出去了。那个菲佣跑到我家哭啊哭啊，说"你可以拒绝我，可你不能把我护照丢出来，侮辱我跟我的国家"。看，曾几何时，最富裕的国家竟落到这种地步，让人瞧不起啊。

所以国家要强大，土地要大、人口要多、经济要强，现在衡量国家强不强、对世界的影响大不大，还是以这个条件来看的。

这样一来，岭南全部平定了。国家就此统一，跟刘邦一样，国家统一以后没事干了，干什么？打匈奴。现在统一中国了，玄武门之变以后，太宗掌权了。当然，太宗登基的那年不好过啊，突厥南下，太宗打不过人家，被迫在渭水签了渭水之盟，耻辱啊，这个耻辱对太宗这样一个有为的人来讲，是受不了的，所以积极想办法要报这个仇。

就这么巧，三年后，就是李靖已经五十八岁的这一年，亚洲的东北大雪灾，整个突厥的牲口死掉五分之四，都是冻死的。他们是靠这些牲口过日子的，不像我们是靠农作物。牲口死掉了，他们吃什么呀？老百姓饥寒交迫，一旦饥寒交迫，经济就崩溃了，原本被突厥控制的这些加盟共和国就背叛了，跑了，突厥分裂了。这时候李靖告诉太宗："皇上，你雪耻的日子到了！"

一个叫张公谨的太守也告诉皇上："这个时候不伐突厥，你什么时候伐？"这时候不能讲仁义道德啊，对敌人仁慈就是对自己残忍啊。这个时候你去同情他、救他，等他强大了回来打你？所以这个时候太宗决定要伐突厥了，报当时渭水之盟的耻辱啊，派李靖当讨伐突厥的司令官，出发了。

突厥没想到唐朝会在他最困难的时候突然袭击，措手不及，一下子大败，往北逃，逃到内蒙古去了，派了个使者到唐朝这边来要求和谈。就像当年渭水之盟一样嘛，当年颉利可汗要求唐朝派人到渭水去，不是签了和约了吗？“当时我可以跟你签和约，现在你也可以跟我签和约啊。”太宗派了一个特使叫唐简，就到了颉利可汗的帐里来了，答应和谈。

表面上答应和谈，其实是为了麻痹敌人，李靖偷偷率领一万骑兵，强行军冒着大雪连夜奔袭。太宗派来的特使麻痹了颉利可汗，他以为唐真的要和谈，很高兴，把所有的防备统统撤了，等和谈，而且唐给的条件非常优厚，颉利可汗信以为真，完全没准备。没想到那天傍晚，几万大兵突然杀过来了。

当然过去可以用这一招，现在很难了。为什么很难？卫星照得太清楚了，整个地球没有死角啊，想对我们中国有什么举动的，看得清清楚楚，早就防备了，哪里还能让你偷偷跑来，几万人跑来不知道？

颉利可汗一看，怎么来了？一下子措手不及，根本没准备呀，被俘了。

突厥就这样亡国了，并入了大唐的版图。危害中国多少年的突厥亡国了。

就这样，突厥平定了。李靖六十四岁那一年，土谷浑又来突袭唐朝了。太宗看他老了，就说：“你休息吧，我找别人去。”

李靖说：“不，我还是要去！”

三国时代刘备利用孔明的计激了哪个将领？老将黄忠。你看他大刀抡起来虎虎生风的：“我怎么不行？我这样老吗？”

李靖六十四了，自告奋勇："我去。"

太宗说："你还可以吗？六十四了，你不年轻了。"

"我体力很好，刚刚做过体检，虽然有点亚健康，但是还是可以的。"李靖去了。

这一交战，土谷浑才知道自己不是唐军的对手啊。那怎么办？坚壁清野，把所有草场全部烧光，粮仓全部烧光，又下大雪，让唐军寸步难行。人没有粮，马没有草，怎么进攻？当时三军将领都说："我没办法进攻啊，天气又冷，又是高原，青海的高原，草也被烧光了，没有粮。"

李靖说："不，就因为这样，对方没有准备。急行军，走！"坚持进军。其他将领也同意，就这样一举把土谷浑灭掉了。

土谷浑国王被杀，太子被俘，青海并入大唐的版图。

李世民很高兴啊，出城十里路，摆下香案迎接李靖回来。李靖平土谷浑用了两年，回来时已经六十六了，远远地看着穿黄袍的皇上在那里焚香祷告天地，他滚下马匍匐前进，大哭："皇上，我老了，真的老了。从十六岁举兵打仗，从来没有这么辛苦过。我打仗都很顺啊，平萧铣这么大的势力不过七个月，打突厥也很快啊，可没想到这次远征土谷浑，打了两年啊，死了这么多弟兄，我是老了，我对不起死去的弟兄们。"说着，把官印、尚方宝剑、官帽，都递上来了，要辞官告老。

打了胜仗皇上本来要加冕他的，他却突然要辞官，怎么回事啊？真的让他辞了，以后谁去打仗？打胜了还辞官，皇上还准了，以后就没有人打了。太宗很为难。

"皇上，没有什么好为难的，老了就是老了，按照国家规定，六十岁退休，何况我六十六了。"

太宗没办法："好吧，好吧，辞就辞了，你要什么？"

“皇上，你给我一块粮田，一栋舍宅，就够了。”

“唉，这样好了，我给你一匹马，你到长安去跑两天，跑下来的土地就是你的。”

李靖敢跑两天吗？马跑两天是多大一块地？他不敢，就在长安最郊区的地方围了一小块地，盖了一个四合院，就这样，从此闭门不出。不仅如此，还告诫子孙：“你少跟那些王亲贵族交往，在家里好好读书。”李靖教育他的孩子，“人不能骄奢，你爸爸能有今天是战功打出来的，是自己努力的结果。你们是因我的庇荫而有了富贵，这种庇荫的富贵不是长久的，绝对不能骄奢。不能骄乐、不能佚游、不能宴乐，损者三乐你们不准有”。

损者三乐，孔子讲的，“乐骄乐，乐佚游，乐宴乐”。我地位比人家高，我出身比别人好，我老爸是高干、是王爷，这是骄乐；爱游乐，爱玩，很快乐，这是佚游；每天晚上喝酒，很快乐，这是宴乐。这些都不可以。

作为权宦的后裔，要记得益者三乐：第一，乐节礼乐。要重视礼乐，要有节制，不能过分，规规矩矩的态度谓之“礼”。

第二，乐道人之善。多讲点别人的好话，别老是骂别人。

第三，乐多贤友。多交好的朋友。

孔子说，能行五者于天下，为仁矣，恭、宽、信、敏、惠。

恭，为人谦恭。恭者不侮，你为人谦恭，没人会侮辱你。

宽，为人宽厚。宽者得众，你为人宽厚了，有包容力了，大家才愿意团结在你身边。

信，为人诚信。信者人任焉，你这个人讲信用、有诚信，人家才敢跟你交往、才敢用你。

敏，用现代管理学来讲，敏就是执行力。敏则有功，你有执行力，你才有功、有绩效出来。坐思终日不如起须臾而行之，每天坐在那里想，不如起来去做嘛。

惠，你对老百姓有恩惠了，等到你有困难时，人家才愿意来帮你忙。

李靖就是这样教育孩子的。果然没错，后来李承乾叛乱，牵连的贵族子弟有魏征的孩子、王珪的孩子、房玄龄的孩子，唯独李靖的孩子没事，那时候他才知道爸爸的教育是对的啊。

太宗一生的最后一场战争是伐朝鲜。当时李靖已经七十几岁了，太老了，没有去。太宗伐朝鲜可以说是兵败而回。那个时候有个将领叫李道宗，给太宗进言："朝鲜部队倾巢倾国而出，在前线跟你打仗，你给我五千兵马，我从后面直取空虚的平壤，一战可下。"可太宗没听。

这有点像官渡之战，许攸告诉袁绍："现在曹操倾国之兵在官渡跟你对峙，后方空虚，你直取后方许都，战斗就结束了嘛。"袁绍不听，"你在骗我啊，你在故意引兵让曹操消灭啊"。

当时太宗也没听，后来打败仗回来了。太宗最后一次跟李靖谈这个问题，把当时朝鲜战争的过程说了一遍，李靖一听，"哎呀，皇上，朝鲜倾国而出，首都平壤空虚。你为什么不拨个一万、五千的兵马，绕一圈直取平壤，平壤一攻下，朝鲜不就攻下了嘛，不就并入中国版图了嘛"。

太宗这才想到，"对啊，李道宗也这样跟我建议过呀，可惜我没听啊。哎呀！当时你要在的话，我就听你的了"。太晚了，很可惜。

伐朝鲜回来没多久，太宗的身体也不行了，疲惫了。贞观二十三年五月十七日，李靖先死，二十六日，太宗归天。同一年，就差几天而已。李靖死后被封为卫国公。贞观十七年，他的画像被太宗放进凌烟阁，作为开国元勋之一供人瞻仰。

纵观李靖的一生，历史对他的评价是文武全才，为人恭谨，满腹经纶，侍君恭恭敬敬，而且宽宏大量，老成持重，多谋通达，不会食古不化。历史上对所有武将的评价，秦以后，大概李靖排在第一。

李靖跟唐太宗有一段问答，是有关兵法上的讨论，被记载下来了，称为《李卫公问答》，这本书被宋朝编为军校必读的七部兵书之一，足见李靖对后世兵学思想的影响。

关于李靖我们就介绍到这里。从历史上这些宰相身上，相信我们可以学到很多，对我们在管理上，在为人处事上，在子女教育上，会有一些启发。

今天就给各位介绍到这里，谢谢各位。

隐居正

苏耽控鹤归来日
李泌藏书不仕年
沧海独怜龙剑隐
碧霄空见客星悬
此时结侣烟霞外
他日怀人紫翠颠
鼓棹湘江成远别
万峰回首一凄然

万峰回首一凄然

张居正

各位来宾，大家好！各位电视机前面的观众朋友，大家好！

现在，我们来探讨一位在中国历史上很有名的改革者——张居正。张居正被史学家评为中国历史上汉代以后真正有魄力的改革家、够资格当宰相的人。那么张居正的改革给明朝带来什么样的现象，对后世有什么影响，他自己的下场又当如何，我们来做一个探讨。

张居正能力很强，可自己的下场并不好；改革很好，可是只有十年光景，也就是说改革的十年很有绩效，十年后却什么都没有了。中国人有一句话叫“人亡政息”，人死后全部没有了，为什么造成这种局面，张居正后来的下场为什么这么惨，当然有很多原因。

我们现在先简单介绍一下张居正的生平。

张居正几乎跟海瑞是同时代人，海瑞生于1514年，张居正则是1525年，也就是说海瑞比他早生了十一年，可是却比他晚死，晚了六年，所以海瑞比他多活了十几年。论才华，他们两个人不分上下，可是论官运，张居正好多了。事实上，有很多人向他推荐海瑞，如果他能够跟海瑞联手，明朝不得了。可张居正为什么不用海瑞？忌才。张居正这个人对于能力跟他差不多的人很介怀，那些和他一起考上进士的人来求他："你当官了，我还没有出息，能不能提拔提拔我？"张居正就讲："你文章写得很好，回去教书算了。"他不敢用海瑞，生怕这个人能力比他强——你来了，那我怎么办？这种行为在官场上也好，在企业界也好，都一样，碰到能力比自己强的人，都会防着他，怕他取代自己。

所以你的朋友当了官，同学当了官，你不要以为他一定提拔你，不一定。李斯干了宰相，韩非是他同学，只因为才华比李斯好，什么下场？被李斯毒死。惠施跟庄子两个人，庄子的才华胜于惠施，惠施当了魏国宰相，庄子去看他，惠施避不见面，他担心啊，"庄子的才华比我好，他来了，我怎么办？万一魏王看中了他，那我不是没戏唱了"。故意不见庄子。可是人家庄子也有骨气啊，打电话你不接，行呀，直接冲进来找你，惠施问他："你找我干什么，有事吗？"

"不不不，你不用担心的，我是在来看你的路上遇到一件很好笑的事，给你讲完这件事我就走了，绝对不会赖着不走。"

惠施问："你要给我讲什么事？"

"你晓得呀，乌鸦是吃腐肉的，对不对？凤凰是什么？它是天鸟，吃甘露水的。刚才我就看到有一只凤凰在飞，一只乌鸦好不容易找到一只死掉的老鼠，赶快用翅膀遮着，准备要好好地吃，看到这只凤凰来了，以为凤凰要抢它那只死掉的老鼠，一个翅膀包得紧紧的，一个翅膀这样拍，嘴巴还在嘎嘎地叫，赶那只凤凰。"庄子说，"惠施呀，你是学那只乌鸦，要对我叫两声对不对？"说完掉头就走了，他把惠施比喻成什么？乌鸦。把自己比喻成什么？凤凰。庄子有骨气，讽刺了惠施两句，走了。海瑞也有骨气，就从来不理张居正。

张居正是一个天才儿童，当时周围所有的人都认为他是了不起的人，称他为“国之器也”，将来一定是治国的能人。张居正很会读书，十六岁考中举人，二十多岁就考上进士，然后很快就到中央去了，那时候正好是明世宗嘉靖皇帝在位，当时的大奸臣是谁？严嵩和严世蕃父子俩，狼狈为奸，把国家搞得民不聊生。可是很奇怪，张居正不但可以跟他们处得很好，跟当时的太监也处得很好，所以即使那时候有党争，张居正也能左右逢源。张居正这个人讲话很谨慎，不会得罪任何一边的人，就是靠这个本领，他才能在仕途上一帆风顺。他不像海瑞，有不同意见的时候一下子很不客气地全讲出来，那样每个人都得罪了，永远都没有机会了。张居正很圆滑，谁都不得罪。很可惜，他这个好的特质没有保留到最后。得势以后，他不在乎了，谁都得罪了，才给自己埋下了大祸根。

张居正跟当时的几个权贵，像高拱、严嵩、徐阶，还有一群太监，关系都处得非常好。在明世宗过世以后，继位的是穆宗，年号隆庆。隆庆元年，张居正逮到了一个机会，很好地表现了一下。

当时的鞑靼——就是现在的蒙古一带——本来跟大明朝之间还有边疆上的矛盾，战争从来没断过。正好那时鞑靼发生了一件事情叫“俺答事件”。

俺答的孙子结婚，要娶的是俺答的外孙女。

外族真是搞不清楚，当年安禄山觐见唐玄宗的时候，唐玄宗带着杨贵妃出来，安禄山见到杨贵妃跪下就拜，却不拜唐玄宗。

高力士在旁边一看：“你怎么不拜皇上呀？”

安禄山的回答很有意思啊：“臣是胡人，我们胡人只知有母，不知有父啊。”胡人只知有母，不知有父。唐玄宗一听，哈哈大笑。哎呀，有这么老实的人啊。当官的看见皇上哪个不是赶快拜呀，希望皇上看中，能够重用，结果他这么老实，讲这样的话，你看看，只知有母，不知有父。

安禄山很胖，肚子大大的，鼓出来。唐玄宗问他："你肚子里装的是什么东西呀，怎么这么大?"安禄山说："臣的肚子里面什么也没有，只有一颗对皇上你的忠心啊。"唐玄宗听了很高兴，从此以后特别喜欢安禄山。

高力士在旁边喊了一下："还不赶快拜太子殿下。"

安禄山竟然装蒜："什么叫太子殿下，我不懂呀！你们汉人的东西我搞不清楚呀。"

高力士说："太子就是皇子，将来继承王位的。"

"是吗?"安禄山才拜了一下。

玄宗想，这人真老实啊。

安禄山演这出戏别人谁都没有看出来，只有李林甫看出来了。李林甫反射能力很强，知道他在玩什么把戏。什么叫反射？很多东西表面上做了，心里想什么没讲出来。把一个人真正的动机、心里真正所想的东西找出来的能力，就叫反射。李林甫跑来跟安禄山说："我告诉你，你玩的把戏别人看不出来，我可很清楚，如果我当时给你揭发出来，你就是欺君，当场杀头！下次在我面前少玩这种把戏。"所以李林甫在，安禄山不敢反，安禄山怕他怕得要死，自己的一举一动都被他知道了。这就是李林甫的反射能力。

所以企业界的老板、领导人们，如果不具备反射能力，怎么能知道部属在做什么？可惜当时的这些官员不晓得，不知道张居正为什么会这样做，没人掌握他的心思，他演得太好了。张居正是怎么做的呢？

俺答的儿子很早就死了，孙子是他养大的，长大以后要娶他的外孙女为妻。孙子娶外孙女，在我们现在看来，不是太近亲了嘛，可当时的俺答没有这种禁忌。俺答的外孙女非常漂亮，是当时鞑靼的第一美女，俺答就说了："孙子娶一个孙媳妇，先带来让祖父看看长什么样子。"把那女孩带去了，就再没有把她放回来。什么意思？占为己有了。在我们汉人看起来，这不是乱伦嘛，外祖父跟外孙女。可他们胡人当时没有这么多禁忌。俺答的孙子非常生气，带着他最得力的助手本来是要冲进去的，结果冲到帐门口，被卫兵挡住了，问他："你不要命了？他在帮你照顾你媳妇，你生什么气？"俺答的孙子最后没办法，干脆投奔明朝去了。

这件事就是"俺答事件"。俺答的孙子投奔明朝以后，张居正借这个机会善待了他。不管祖父怎么样，也不管祖母怎么样，他唯一的孙子要接班的呀，所以张居正很照顾他。后来鞑靼来要人了，才看到他在明朝受到礼遇——明朝皇帝给他加官晋爵，还送了很多礼物，最后还把他送了回去。为了感谢大明，鞑靼不再跟明朝打仗了，还签了通商条例。就这样，边境安定了几十年，不仅没有战争，还开始了贸易往来。

张居正为了发展经济，在广州举办了现在所谓的秋交会，一年两次。所以真正办秋交会是始于张居正，始于明朝，从穆宗在位的隆庆元年开始，一年两次，促进了工商业的发展。

因为这几件事办得很好，皇上很欣赏他，可惜隆庆皇帝死得太早，没几年就死了。临死前托孤，把后来的明神宗托给张居正，明神宗的年号是万历。明神宗当时还不到十岁，由张居正来教育他。加上李太后对张居正完全信任，就让张居正来带这个孩子，可以说这个孩子是张居正一手带大的。自古以来，皇上登基以后对自己的老师都很好，比如清朝的嘉庆，把自己的老师朱珪迎回来当大学士，这么尊敬。张居正本来也有很好的机会，可是为什么这个明神宗反而对自己的老师这么残忍，还抄了他的家呢？这值得我们好好思考，为什么会出现这个问题？我们慢慢会谈到。

张居正教育神宗皇帝，可以说是不遗余力。因为皇上不太喜欢学习嘛，他为了教皇上，为了帮助皇上培养学习兴趣，就画了一本漫画书，这大概可以讲是中国第一本漫画书。他把中国历代王朝是怎么兴衰的，用连环画的方式画出来，这可以讲是用心良苦呀。神宗一看，漫画书，很喜欢呀，每天看，这个画得好呀，非常喜欢。

在这样的情况之下，张居正一样一样地教他，而且按照正史来看，当时小皇帝也很努力啊。其中有几个非常好的例子。比如张居正给他讲到汉文帝去看细柳营的时候，被周亚夫挡在门外不让进，一切依法行事。小皇帝就说："老师呀，这是对的呀，国家得依法呀，而且周亚夫把部队管理得这么好，才让汉朝后来有能力抗击匈奴，他功不可没呀！"张居正很高兴，小皇帝真好呀，将来一定可以成为一个明君。张居正讲到宋仁宗只爱人才不爱珠宝的时候，小皇帝讲："对呀，国家真正的财宝是人才，珠宝有什么用？饿了又不能吃，冷了又不能当衣服穿。宋仁宗是对的！"张居正一听，哎呀，这个小皇帝不得了，将来一定是一代明君。张居正还给他讲解过齐威王和魏惠王两个人比财富的故事。魏惠王问齐威王："你们齐国濒海，再加上每年税收这么高，工商业这么发达，宝贝一定很多吧？"齐威王笑一笑："我们齐国哪有什么宝贝？没有啊。"魏惠王说："怎么可能，我们魏国地处劣地，都有几十个夜明珠，晚上可以照十二辆车那么远的夜明珠，你们怎么可能没有呢？"魏惠王是客气，其实那时候战国七雄里最强的是魏国。齐威王说："我们齐国没有这种宝物，我们齐国的宝物就是人才。因为我有军事人才，所以我可以防御北方的燕国、南方的楚国、西方的你们魏国；我有吏治人才，所以我齐国大治；我有经济人才，所以我工商业发达，这才是我的宝物啊。”这个小皇帝读到这里跟张居正说：“哎呀，齐王真了不起呀，能够把人才当做国宝，这才是正确的。”张居正怎么能不高兴？好啊，这小皇帝了不起呀。可是为什么小皇帝长大以后整个变了心？万历在位四十七年，有三十一年不上朝。一个公司的董事长三十一年不来上班会有什么后果？神宗皇帝为什么长大以后和小时候判若两人了呢？历史上当然有评论了，但那很多都只是猜测、分析，我想，可能是这个因素造成的，什么因素呢？我们后面再说。

张居正为了教育这个小皇帝，很辛苦，一样一样地教，但是也非常严厉，简直是太严厉了。小皇帝念《论语》，把“勃”字念成“背”，张居正勃然大怒，就骂人了。他忘了那是皇上呀，就大声骂，小皇帝才十岁，吓死了啊。这个小孩子长大以后，因为张居正一人独揽政权，并没有让他上朝练习怎么做，也没有带他一起做，而是全部都是自己独揽，他犯的错就跟诸葛亮一样。张居正讲过一句话，“我非相，我乃摄也”。意思是说，我不是宰相，我是摄政王。他私下讲这个话，太狂了！一个人在最高点的时候往往会忘了过去的历史，忘了应该谦恭，忘了应该仁和，他没有警觉到这一点。

张居正后来掌政以后，在李太后的配合下开始了雷厉风行的“一条鞭”的改革。为什么他要改革？我们从一个组织的发展来看，一个公司还没有成立以前叫始业阶段。任何一个组织在成立之前，都依据现有的条件，有预谋，有规划，做出事先的策划、筹备，这个叫做始业阶段。

一旦组织成立了，就进入整合阶段。一个国家刚成立，内部肯定还很乱，马上得江山，不可能马上治江山，马下治江山没那么容易啊，一定要经过一个整合阶段和转换阶段，从军政变成训政的一个转换阶段。一个公司也一样，成立以后一定有一个转换阶段，这个转换如果没有转换好，公司可能在转换的过程当中就消失了。所以很多企业才形成没有几年就不见了、赔光了，或者形成后才发现几个好朋友的合作原来合不来了，理念不一样、观念不一样，出现了冲突、争执，最后理念不合的就撤了。所以有人说要让两个好朋友闹翻，就让他们两个合伙做生意，很快就会闹翻了——赚钱也吵架，赔钱也冲突，很奇怪。从历史上看，中国历代王朝刚建立时，一定会经过这样一个转换阶段，熬过去了，就稳定了；没有转成的，就亡国了。以国家来看，这个转换阶段得要二三十年，每一个王朝都是这样。刘邦建国以后一直转换到汉文帝才稳定；唐朝建国以后一直转换到太宗"谓水之盟"之后才慢慢稳定；宋朝建国以后到宋太宗才基本稳定；明朝建国以后到"靖难之变"才稳定；清朝建国以后基本上到康熙中期才稳定。所以国家建立以后一定会经过转换阶段，几乎没有一建国马上就稳定的。

稳定以后开始进入所谓的成熟阶段，又叫做工作阶段，也就是组织绩效最好的发展阶段，套用一句我们历史的专用术语，叫强盛时期。但这个强盛时期的成熟阶段一旦过了以后，组织就会进入老化阶段。

我们没有很多时间给各位介绍管理上每个阶段的特征和详细内容，但我们可以提一下，在全盛阶段，也就是工作阶段，或者说成熟阶段的组织，一定是向心力强，人才济济，很多人想到这个公司来，经营利润高，沟通渠道畅通，员工士气高，目标明确，责任明确，授权明确，领导强势，组织里的小团体之间是合作和竞争的关系，不是分裂和斗争。一旦组织老化，完了，员工士气低，组织发展目标模糊，各个小团体之间已经不是合作和竞争的关系了，而是分裂和斗争，领导腐败，沟通渠道不畅，向心力弱，人才流失，然后业绩也开始下滑。

明朝到了万历这个时候已经完全进入老化阶段，这个阶段如果没有改革，组织很快就衰亡了，整个王朝就结束了。所以明朝后来还能拖几年，得感谢张居正在这个阶段的改革。

张居正的改革有几项措施，第一条是“一条鞭”措施。那时候国库已经空虚了，张居正就去了解国库为什么空虚，税收为什么不均。结果发现逃税的逃税，漏税的漏税，贪污的贪污。这促使张居正做了一个王朝建立以后一定要做的两件事情：一个是鱼鳞册，一个是黄龙册。黄龙册是全国人口普查，鱼鳞册是全国人口分田。过去，一个王朝刚建立的时候第一件事一定是土改，即土地改革，让耕者有其田，每一个人都有土地，百姓全部安定。可是安定几年以后就会发生这样几件事：中央的官霸跟地方的官霸勾结，中央的官霸、地方的官霸又跟财霸、地霸、恶霸勾结。张居正称之为四个霸：一个是地霸，就是大地主；一个是恶霸，就是黑道；一个是财霸，就是有钱的商人；还有一个是官霸。这四种人勾结起来开始干什么？兼并土地。一旦出现土地兼并，老百姓就会没有土地，统统变成佃农了。一旦农民变成佃农以后他们的收入从哪里来？每年种了半天，粮食全部被地主剥削完了，所以才有这样一句话：“岁丰则勉强度日，岁凶则举债维生，再岁凶则质妻当子。”把太太、孩子当给地主，第二年丰收了，一面交钱还债，一面再把太太和孩子赎回来。再遇到岁凶怎么办？就落草为寇，就起义了。

大地主兼并土地以后又不肯交税，那怎么行？财霸不交税，官霸不交税，地霸不交税，恶霸不交税，国库怎么能不空虚呢？所以张居正上来以后的第一件事，就是在全国进行雷厉风行的土地和人口普查。历史上有一句话，说张居正以“尊主权，课吏职，行赏罚，一号令为主，虽万里外，朝下而夕奉行”。这就是说张居正的改革严厉到早晨从中央发的命令，虽然在万里之外，到了傍晚已经传到了，全国都要奉行，不奉行的严办。张居正这个制度雷厉风行，先丈量土地，再清查土地应该是谁的。如果是强占的，也可以，但必须交税，严格调查每年要交的税，没有交的全部补交，而且还要罚款。不管你是官霸、财霸、恶霸、地霸，全部追交；不交的，要法律伺候。就这样，原来已经空虚的国库、府库不到几年又充满了，没有土地的农民又取回了土地，四霸也被他扫清了。这样一来就好像商鞅在秦国的变法一样，有没有得罪人？当然，既得利益者统统被他得罪了。张居正把那些在朝中有势力的人全部得罪了——本来跟你是一伙的，我们好朋友嘛，我以为你当了宰相，我腐败了你会保护我，没有想到你清查我——这些人统统跟他对立了，所以张居正后来出问题时没人救他，可怜呀，得罪太多人了，可是为了国家没办法呀。

第二个，开垦荒地。张居正下令让老百姓开荒地，谁开垦的就是谁的，跟过去几个王朝做的完全一样，先丈量土地，送还土地，清剿四霸，四霸清剿完了追缴税收，充实府库，然后就是鼓励农业，让老百姓开垦荒地。

第三个，国防上启用了戚继光、李成梁，一个守南，一个守北。东北的李成梁，对付倭寇的戚继光，这两位是历史上的两大名将，把明朝南北两边的外患全部压下来了，使国家的边防稳定了。

第四个，治理黄河。张居正启用了一个专门治理黄河的水利专家，把黄河水患给解决了。

除此之外，张居正还提出对官员例行考核，凡是不适用的、不行的官员，全部罢黜，凡是有冗员的机构，全部缩编。我们做企业也是一样，要开源，也要节流，很多“流”都是因为冗员过多。有一些企业每一年都要做人力评估，看看这个单位到底需不需要这么多人，有些公司也称为人力盘点。张居正的变法里面有一条就是人力盘点，每个机构都要盘点，看到底需不需要这么多人。人太多了，国家还要给薪水，浪费国家的财政，又没有绩效，人多了还要互相推诿，更糟糕。所以张居正讲，当时整个国家的官员最大的败笔，可以用三个字来形容：贪、散、懈。贪——腐败，明朝官员的腐败，在历史上是有名的，那是腐败得不得了啊；散——散漫，做事情拖延、散漫；懈——懈怠。张居正说，官吏这样贪、散、懈，国家的吏治怎么做得起来？为了解决这个问题，他要求严格考评制，不胜任的，走！单位的冗员，裁！罢黜、裁员是当时的两个主要措施。这一考核，很多官员紧张了，走了多少人？走了一大半了。这些人一走，怎么能不恨他嘛。

接着张居正提出了四十项措施，他给皇帝报告说，这四十项措施如果做了，我们大明朝就千秋万代永远不会倒了。我们来看一看，这四十条在企业界能不能用。能用的我们拿起来用，不能用的放它过去。

第一条，创业艰难。创业维艰，守成不易。我们这里有没有创业的人？创业好不好做，创业容不容易？创业不容易，守成也不容易。创业有创业的原则，守成有守成的原则，守成是需要实现企业的永续经营。企业的成功有三个阶段：第一个阶段叫市场的成功；第二个阶段叫管理的成功；第三个阶段，要实现永续经营，必须是文化的成功。这是管理上研究总结出来的三大成功，成功的企业能实现永续经营，都是做到了市场成功、管理成功、文化成功这三点。

第二条，励精图治。张居正跟皇上讲了，我们大明朝跟企业是一样的，创业是艰难，可是守成也不易呀。为了守成，要做到第二条，励精图治。当了领导人，不起带头作用，不带着整个组织去运作、去前进，这个组织怎么能前进？现代管理学讲，一个组织的成败，真正的关键在于领导人。领导人行，组织就行；领导人不行，组织就不行。同样一个部队，给你带，一塌糊涂；换别人带，奇怪，为什么就行了？一样的部队，刘邦带着打不了胜仗，一交给韩信，奇怪了，还是那些人啊，就打赢了。一样是这个部队，原来给国民党带打不了仗，换了彭德怀带到朝鲜去，就打赢了。

当年打朝鲜战争的时候，美国人认为，日本人打中国人，我打日本人，A 大于 B，B 大于 C，所以 A 当然大于 C 嘛，我打中国人太容易了！所以那时候老美没有把中国人放在眼里呀，结果朝鲜一战，美国输了。输了以后，直到 1998 年美国参谋长在国会作证的时候，有人问他，朝鲜战争，美国为什么打得这么惨？他说，有两个原因：第一个原因，麦克阿瑟元帅虽然是一个了不起的人，在美国是英雄，是一位有勇气、有智慧、有毅力的将军——这些都是他的核心能力，但是核心能力不是绝对的，是相对的。两个人比起来，我跟你比，你没有，我赢；两个人都有，谁强谁赢呀，所以核心竞争力不是绝对的——但他运气不好，碰到了一个比他更坚韧、更有智慧、更有勇气的彭德怀，所以他输了。第二个原因，美国在错误的时间，根据错误的资料，做了错误的判断，铆上错误的国家，在错误的地点，打了一场错误的战争，所以输了，就这么简单。一样是中国人，换一个人领导，奇怪，表现为什么不一样？这个企业经营不善，被人家兼并走了，只是换了个领导层，结果为什么起死回生了呢？

所以组织的发展，领导人有绝对的重要性，领导人不行，组织就不行。组织发展得不好，领导人不能怪都是下面的人不行，其实都是领导人自己不行，哪有怪下面的人的。打不过人家，要死的话就勇敢地去死，还要讲什么“天亡我也，非战之罪”，谁呀？项羽。可你的人为什么都跑到刘邦那里去了？国家亡了，要上吊就勇敢地去上吊，还要讲什么“群臣误我，非我误国”，谁呀？崇祯。可那群臣是谁用的？不是你用的啊？所以都是领导人自己不行，才导致组织的失败。因此孟子讲“行有不得”，做事情不顺利的时候，碰到铁板了，怎么办？“反求诸己”，先问问自己。学学诸葛亮，北伐失败后回来生气、检讨，是自己错了，不是别人不对，是领导层有问题。所以张居正要求万历励精图治，作为领导人要亲自带队去做。

第三条，勤学。领导人要把组织带好，得努力学习呀。领导人要不断地充实自己，不断地学习。环境在变化，管理在变化，竞争对手在变化，你能不学习？所以张居正要求皇上，要勤学不断，努力去学。这前三条大概到现在都很受用。

第四条，敬天。这是过去人讲的，现在不一定适用了。敬天地，礼神明，古人就是重视这个，现代人重视吗？我看未必了，一切靠自己。

第五条，法古训。古人怎么做，我们怎么学。要仿古，但是也要修正，而不是全盘接受，通过吸取历史上的教训，我们知道了为什么会发生这个问题，学会了下一步该怎么走，以后会怎么发展。

第六条，保民。在国家来讲，是人民；在企业来讲，是员工。人民没有被照顾好，他们怎么会有向心力？员工没有被照顾好，他怎么会为你卖命？不可能。所以要把员工照顾好，让员工愿意为你拼。

第七条，谨祭祀。在祭祀的时候要虔诚，这可能跟企业不太有关系了。

第八条，崇孝敬。用人讲才跟德，不但要有才能，还得有德行，德行很重要。如果用的人有才能，又有德行，这个组织怎么会不强大？可是有时候这两者要兼备很难。有才能的人可能花招就多了，德行一旦有缺失，所捅下的篓子比没有才能的更大。张居正讲要崇孝敬，要所有的大臣们在德行上一定要做好，以德治国。中国人把德建立在孝悌的基础上，忠臣出于孝子。他告诉天子明神宗，汉朝以孝治天下，大明朝也该这样做，应该崇孝敬，“其为人也孝悌，而好犯上者，鲜矣；不好犯上，而好作乱者，未之有也”，人如果重孝悌，那么他会犯上、会作乱的可能性就小了。

第九条，端好尚。要重视、建立好的文化。我们讲企业文化，企业文化在20世纪80年代风行于美国和日本。最早提出企业文化的是日本，美国八十年代开始从日本学过去。企业文化，就是让公司的每个人都有共同的思想、共同的信仰、共同的理念。文化的影响是看不出来的，但是这个影响很大。美国人在管理学里面讲到企业文化，提到文化的强度，很多人以为文化的强度越大，组织就越好。不，要看这个组织的文化是正面的还是负面的，所以现在的研究是把企业文化分成正面的文化跟负面的文化。正面的是积极的，是好的，大家很有向心力，很激进，很努力，一起把工作做好。负面的呢，贪污，散漫，腐败，堕落，混，一个组织的文化正面的强度越高，这个组织的发展就越好；一个组织的文化负面的强度越高，这个组织的发展就越差。所以张居正才提出要端好尚，把文化建立好。

第十条，慎起居。皇上的起居得谨慎，不能随便。生活习惯要好，不能太随便，酒少喝一点，女色少近一点，牌少打一点，歌少唱一点。

第十一条，戒游佚。不要到处玩。张居正举齐桓公的例子给明神宗听。齐桓公跟管仲讲："寡人有疾。"我有缺点，不晓得会不会亡国。管仲问他："你有什么疾?"齐桓公说："寡人有三疾，不足为外人道。"我不好意思启口啊。第一个疾，我好游乐；第二个，好酒食；第三个，好内。好内就是好色。"这三个会不会亡国呀?"管仲说不会。"怪了，为什么不会亡国?"管仲说："大王，你误会了，这三个问题本身不会亡国，会亡国是因为你这三个嗜好被你周围的部属掌握到了，部属开始满足你的需要，让你好好去游乐，让你好好去酒食，让你好好去近女色。"这就和黄皓满足阿斗是一样的，皇上从此不干活了，不管事了，到这个时候就会亡国了，游乐、酒食、女色本身不会亡国，可是当你的部属掌握以后，开始满足你的时候，就危险了。为什么？因为你会认为那些跟你一起混的人都是好人，而重用了他们，这叫"左右亲彼己者之用"。到那个时候小人就登场了，君子都退出了。所以张居正告诉神宗，要戒游佚。

第十二条，正宫闱。内廷要整顿好，不能乱，尤其是外戚不能干政。

第十三条，教储贰。这是教神宗子女的教育及国家经济上的问题，要怎么节俭，国家需要什么储备。公司也是一样，企业组织一定要有一定的预备金、准备金，可以随时备用。同时对第二代的教育必须重视，方能永续经营。

第十四条，睦宗藩。要和所有的亲戚、朋友和睦，家和万事兴；朝廷要和睦，不要再继续斗下去。

第十五条，亲贤臣。要跟有才华的、贤明的、有道德的大臣们在一起。

第十六条，去奸邪。组织里面、公司里面如果有奸邪的人，要铲除掉。

第十七条，纳谏。张居正劝明神宗，一定要能纳谏。人家给你的谏言、劝阻你的话，要能听得进去。纳谏容易吗？不容易。理论很好讲，我们都要纳谏，可是别忘了，好听的话谁都喜欢听，可是讲到不好听的话谁都不喜欢听。不妨做个试验看看。公司的女同事买了一件衣服，穿了来上班，问副总："你看这衣服好看吗？好看吗？"

"哎呀，真漂亮，真好看，你在哪儿买的？"

"SOGO。"

"你多少钱买的？"

"两千五。"

"哎呀，买这个牌子才花两千五，那天我看还有人卖六千呢，你真会买。买得便宜，颜色、花样又适合你的身材，哎呀，你真会买，真漂亮，穿着真好看！"

这样说那位女同事高不高兴？高兴，很得意啊！

又碰到老总了："老总你看我这新衣服好不好看？"

这老总一看，"你怎么会穿这种颜色？又穿横纹，你本来身材就不好的，再穿成这样，显得更臃肿了，有没有搞错呀。你多少钱买的？"

"两千五。"

"哪儿买的？"

"SOGO。"

"哎呀，这个牌子我们楼下就有卖的，一百二，你上当了。哎呀，穿着又不好看，又臃肿，颜色也不配，又上当，你怎么搞的嘛。"

老总讲的是真话，副总讲的是谎话，你喜欢听哪一个？宁可听谎话，对不对？人们就是这么有意思，都知道要纳谏，可是真的轮到自己呢？还是听那个最好听的。所以张居正给明神宗讲，隋炀帝继位的时候，比唐太宗继位的时候国家强多了、稳定多了，隋文帝留下来的财富，就算全国不生产，也足够隋炀帝用五十多年，但隋炀帝十几年就给败光了。所有给隋炀帝谏言的、讲真话的，都被他砍光了。剩下杨素呀、宇文化及呀，为了自保只能讲谎话、讲大话骗皇上。后来宇文化及举兵造反了，外面吵得不得了，隋炀帝还问，吵什么？吵什么？别人不告诉他真相，就说："报告皇上，你生日到了，外面准备给你庆祝。"还在骗他。唐太宗就是能纳谏，所以就不一样了。因此一个领导人能不能纳谏就决定了这个组织发展的命运。

第十八条，理财。

第十九条，守法。

第二十条，重儆戒。言行要谨慎，哪里有错误，要赶快修正。

第二十一条，务实。张居正告诉皇上要务实，不要崇尚虚华，形象工程有什么用啊？要务实，踏踏实实去做，不要为了面子做一些虚假的事情。

第二十二条，正纪纲。团队运作，首重纪律。所以国家的法律要落实，改革也要雷厉风行，对官员的考核要严格，该奖励的要奖励，该处分的要处分，纲纪要严。

第二十三条，审官。对任何官员都要考核、审查，看他胜不胜任。绝对不是考上科举以后终身就是官员了，对每个官员的绩效一定要严格考正，不能胜任的，要罢黜。这几条如果真的做到了，朝廷哪会有腐败的官员？

第二十四条，久任。好的官员可以久任，不要换来换去，就在一个职位上，不要老是让他调动，好不容易摸熟了又调走了，很多建设干了一半又换别人了，那不行。

第二十五条，重守令。命令下去的要严格遵守。

第二十六条，驭近习。所有不好的习惯一定要改掉。

第二十七条，待外戚。

第二十八条，重农桑。

第二十九条，兴教化。

第三十条，明赏罚。

第三十一条，信诏令。发布的命令不要改来改去，不要朝令夕改。一个公司的政策变来变去，员工就会手足无措。

第三十二条，谨名分。

第三十三条，裁贡献。大臣送东西了，不能收，否则大家都收，你送我、我送你，这样以后升官不是凭绩效，而是凭送礼了，那怎么行？所以所有的礼物、所有的这种贡奉全部不能收。

第三十四条，慎赏赉。赏罚的时候要很谨慎，要根据整个考绩来执行，不能太随便。

第三十五条，敦节俭。皇上要带头节俭，不能奢华。

第三十六条，慎行狱。判刑要谨慎，否则脑袋一砍没有第二颗了，又不是孙悟空，砍了无所谓，可以再长一个。

第三十七条，褒功德。所有好的行为，一定要褒扬，让他们变成一个样板，鼓励大家学习。

第三十八条，摒异端。异端邪说一定要全面禁止，以免危言耸听。

第三十九条，节武备。没有强大的国防工业，没有强大的兵力，怎么能挡住倭寇？怎么能挡住侵略？所以要强化武器装备。

第四十条，御戎狄。对各地区的寇盗、造反的，一定要处理好。边疆也要巩固好。

我们想一想，以现在的管理学来看，这四十条有没有道理？很有道理。早在几百年前，张居正就已经把自己的管理理论、管理思想列得清清楚楚了，让神宗皇帝去做。可惜张居正执政前后也不过十余年，五十几岁就死了。

张居正死了以后，马上有人上书弹劾张居正二十二条罪状。没想到神宗接到这个以后非常高兴，“我等待这个弹劾案等得太久了，你们现在才送上来”。这说明了神宗心里喜不喜欢张居正？非常不喜欢！张居正死后被抄家抄得很惨，所有家产全部充公了，家里还被贴上了封条。在古代封条一贴人就不能进出，里面的老弱妇孺因为出来太慢了，被封在里面，没饭吃，饿死了十七个人。

后来有一个官员站出来讲话了，这个官员还是被张居正廷杖过的官员。为什么被廷杖？张居正的父亲死了，按照古制，他得回去奔丧，守孝三年。可是国家需要他怎么办？李太后不允许啊，“不能回去三年，现在国家改革需要你呀”。那怎么办？只好让张居正留下来，让他的孩子回去守孝。可是这个在古代封建礼教里面是不可以的，是大不孝，群臣马上弹劾，说这是不对的行为，他该回去。

皇上跟太后说：“张居正是该回去，但是国家需要他呀，他怎么回去呢？”

“不行，他还是得回去守孝三年。”

就这样，吵起来了。最后张居正对那些反对他的人用廷杖伺候。明朝的廷杖是很可怕的，把人绑起来，头在下，身体是往上斜的，手腕上钉着钉板，人的四肢用绳子绑着，然后用棍子从脊椎这里打下去。在明朝被廷杖的官员很少有能够活命的，一打，“啊——”会叫，钉子就钉进去了。所以明朝很多官员被廷杖完以后面目全非，有些官员甚至在被廷杖后死了。

这个官员就是这样被廷杖过，但是他没死，现在他出来讲话了："张居正在世掌权的时候，你们都褒扬他的功德，他现在死了你们都骂他、治他的罪，太不公平了。我虽然被廷杖过，我恨他，可是我讲真话，他有错误，但他也有功绩，不是像你们讲的那样，以前全对，现在全错。"这个人很了不起，能从客观上讲这些话。当时有几个他的同僚也上书，但是上书的统统被罢黜了，很可惜。

张居正死后为什么这么惨，第一个原因，改革过程中得罪了太多既得利益者。

第二个原因，父亲死的时候，廷杖了太多人。

第三个原因，奢华、专权。虽然张居正一再要求节俭，告诉明神宗你要节俭，你不能这样、不能那样，可是我们看看张居正的日子是怎么过的。张居正父亲过世的时候，他回去了，当时坐的轿子是三十二个人才抬得动的大轿子。从北京抬到长沙啊，沿途要累死多少轿夫？三十二个人抬的轿子，是非常大的，里面有浴缸，有抽水马桶，他可以在里面大小便，在里面吃饭，还有咖啡座，煮煮咖啡，很舒服的。不仅这样，一路上还要有当地官员接待，而且要非常周到，不能有问题，他吃饭的时候菜肴过百，"牙盘上食，水陆过百品，居正犹以为无下箸处"，张居正吃饭的时候有上百种的菜肴，可他还是举着筷子不晓得吃哪一盘。太奢华了。张居正这种奢华的生活方式后来被明神宗知道了，明神宗叹息呀，怎么全朝都是伪君子呀，是你教我要节俭的，但是你自己不是这样子呀。所以后来有史学家判断，张居正死后明神宗三十一年不上朝，就跟这个有关系，他从此不再相信所有科举出来的人了。你们这些人都是理论家，没有一个自己能做到的，叫我节俭，叫我守法，叫我不要结党营私，叫我励精图治，叫我依法处事，叫我改掉不好的习惯，可是你们自己过的是什么日子？张居正死后皇上抄他的家，明史上记载，抄出黄金五千两，白银二十万两，土地八百万亩。张居正是宰相，一品官，当时的月俸是八十七石，怎么会有这么多钱出来？明神宗愣住了，你不是教我节俭嘛，教我守法嘛，教我整治贪污嘛，怎么你自己会是这个样子的？于是一下子所有的幻想全部破灭了。

后人批判张居正，说他可能言行一致性上做得不好，落差太大。以前他曾经很好，但人就是这样，一旦得到权势之后就可能会变质，于是皇上对他完全失望了。这是他失败的主要原因。

第四个，个性太刚烈，一意孤行。海瑞讲过一句话，道理最公道，他说："你要说我这个老朋友有什么错，他不过是工于谋国而拙于谋身。"对国家他是竭尽全力，可是在保护自己上，他太笨了，不懂得怎样去保护自己。历史学家黄仁宇也这样批评他：自信过度，不能谦虚谨慎，对事不肯做出必要的让步。我们中国人有一句话，"得饶人处且饶人"，有些事有时候必须要做让步，但张居正他是一步也不让，太自信了。不够谦恭，不够谨慎，再加上咄咄逼人，绝不让步，这样刚烈的个性，老子说"刚则易折"，真正会做人的，是像水一样，上善若水，入圆则圆，入方则方，可是别看水这样，水有没有自己的原则？有，水的原则性很强，它没有让步，但是在原则不让的情况下，细枝末节上可以让嘛。这一点张居正没有做好。另外，过度玩弄权术也是他的一个弱点，明史上说得很清楚，他的权势已经压倒皇帝了。皇帝原来年纪轻不懂事，长大以后才发现大权都在你手里，你张居正讲了算，我讲了不算，皇上心里会怎么想？

所以要先做人再做事，现代管理学讲，什么叫人事，就是强调先做人再做事，人做好了，事情就好办，人做坏了，事情就很难办了。所以我们可以把事情做得灵活一点。当然，我们也不能只做人不做事，那是一代奸雄，反过来只做事不做人，就像张居正晚年一样，两个儿子被整死了，其他的家人统统下放从军去了，很多人跟皇上说，你办得太急了，办得太过分了，皇上才勉强留一间空屋，让张居正的母亲住，留一些田地，供她生活，可是张妈妈看到家里突然发生这样大的变故怎么受得了呀，第二年就忧郁而死了。

组织到老化阶段是一定要变革的，张居正变革的实施点和内容很好，但是他没有考虑到变革的过程中怎么处理好人和事两方面的取舍，没有考虑到怎么做才让他们都能满意。我建议你们经常看看《冯道传》，冯道历经五代宰相，历朝当宰相，没事。他事情也做得很好，没有人说他不做事呀，可是他在为人上也做得非常圆满，这个是不能不承认的。

历史上几个变法失败的人都是因为个性过于刚烈，像商鞅，像张居正，太刚烈了，下场都不好。如果张居正能够学会弯一点腰，谦虚一点，把和其他大臣们的关系处理好，那么他的变法不会只有十年的效果。张居正一死，变法就全部停止了，从此明神宗根本不上朝。外患四起，东北铁岭丢光了，努尔哈赤一路南下，北方告急呀，皇上连出来都不出来，大臣上奏折，他把奏折扔出来："那是你们的事，我不管。"明神宗不顾国事到这种程度。所以明朝说是亡于崇祯，实则亡于明神宗。有一本书叫《万历十五年》，可以回去看一看，万历十五年之前和之后，皇上的表现差这么多，很可能就是因为张居正的关系。

从这里我们学会了一个领导人在变革的过程当中应该做哪些事情，现代管理学讲，变革有几个重点要做到。

第一个，教育。变革前一定要先推广教育，我们公司有什么变革了，现在的措施是什么，将来的目标是什么，会有什么过程，会有什么方案，会有什么结果，从决定要做，到做的过程，都要对员工进行教育。既然要变革就要有新的技术、新的执行过程、新的做法，比如以前大学是用纸质的公文，现在没有了，公文在哪里？放在网上，让所有教职员到电脑上去看。有人不会用电脑怎么办？要教他呀。所以变革之前要教育，要训练，让他们有心理准备，知道组织将要有什么变动，应该怎样去适应这个新的变动，一旦变革开始了，心理上可以接受，管理心理学称之为准备率。

第二个，变革要循序渐进，不要一下子转过来，太大了，太快了。人有适应能力，可是从 A 环境转到 B 环境，不是一下子就可以适应的，而是逐渐转变的，需要给他们充足的时间去调整。有人不适应怎么办？要辅导他适应新的环境。教育、宣传、辅导都做到了，就要开始实行变革的过程。这时如果还是有人适应不了怎么办？要去帮助他。在变革管理过程中有一个技巧——帮助的技巧，帮助同仁适应改革过程，学习新的技巧。

还有一些人，是为反对而反对，对这批人怎么办？采用最后的技巧——奖惩，对适应良好的人要有奖励，对故意反对的一定要有惩戒。所以一个公司经过大的改革以后常常有人会被开除。变革一定是这样子的。

第三个，变革的内容什么时候执行，一定要经过推算，经过考核，在最恰当的时机去推行。而且政策适不适用，一定要经过评估，没有经过评估的政策贸然推行，很有可能会失败。

有变革一定有抗拒，为什么？第一，有的人其人事利益没有了；第二，有的人其特权没有了；第三，有的人经济利益没有了；第四，有的人地位可能没有了。另外，一旦变革，组织中的人必须要适应新的环境，学习新的技巧，对一些人来讲可能造成困扰，就会抗拒。抗拒变革的因素还有很多，在管理学里面有一个专门的部分讨论怎样应付变革。这些理论上讨论的问题，在张居正的变革过程中统统出现了，很可惜，如果张居正早期念过这些书的话，他的变革结果可能就会不一样了。

今天我们对张居正变革的内容、造成的结果和问题从管理学上做了一个简单的探讨。没有一个企业、组织不会进入老化阶段，只是走入老化阶段后，这个组织要怎样做，才能让自己能够继续生存？变革是必须要走的路，可是变革有很大的困扰和风险，这条路怎样走才是最好的，我们借张居正这个例子做了一个简单的介绍，希望我们能从这个例子里学到一些可用的经验。

张居正就给各位介绍到这里，谢谢各位。

味情

相见争如不见
有情何似无情
笙歌散后酒初醒
深院月斜人静

和珅

各位来宾，大家好！各位电视机前面的观众朋友，大家好！

今天我们有幸再来共同探讨另外一个在中国当过宰相的人，不过前面讲过的那几个都是正面的，这次我们谈的和珅，大家都认为是负面的，但是不是真的负面呢？我们还是客观一点来看。

你们说和珅是正面多还是负面多？好多连续剧呀、书呀、电影呀，把他描述得很负面。其实和珅真的这么负面吗？和珅如果真的这么负面，乾隆怎么能当明君啊？“为君者不知臣之祸，昏也；知臣祸，无能易之，庸也，托国于昏庸，则国削之患也。”当国家的领导人，当皇帝的人，或者是当企业董事长的人，完全不知道自己手下的人干了些什么坏事，给组织带来了什么祸患，给人们带来了什么困扰，那他是昏君；知道了，却没有能力去改变它，那他就是庸君。如果把国家托给这样又昏又庸的人，这是国家之患也，这国家怎么会不出问题，到最后怎么会不消亡呢？按照这样看起来，乾隆岂不是昏君啊？其实乾隆一点不昏，他跟刘邦一样，我“但用其才”，我是用他的才能、他的才华。至于德，以后再说。

乾隆在这么多的大臣里面为什么独宠和珅？和珅有和珅的能耐，你不得不佩服人家。今天我们看和珅不是光看他贪污了多少钱呀，多少财产呀，八千万两黄金呀，八千多亩土地呀，值多少钱啊，我们不谈这个。其实那些数据未必是真实的，比较真实的是看得到的，他有一百七十七家钱庄——以前叫钱庄，现在叫银行，七十五家当铺，两千多顷土地，一千多座房屋，他在收租金，这是真的。至于家里有多少黄金、多少白银，那个量很多是被灌了水的，不一定可靠。和珅的财产并非全部是捞来的，因为和珅在早期非常清廉而且非常能干，这一点，历史上有所记载。除了清史稿以外，还有英国历史上的评语，当时英国也有大使到北京来了，英国的历史对和珅的评价非常高，我们不得不承认这个事实，俄罗斯历史对他也有评价，也很高。

和珅生于1746年，死的时候是1799年，虚岁五十四岁，跟诸葛亮一样。他比乾隆小了三十四岁，也就是说，乾隆六十岁的时候才开始启用和珅。所以有的电视连续剧里面演的和珅看起来比乾隆老，那不太对，乾隆比他大三十四岁。

乾隆这么宠和珅，和珅自然有他的能耐，我们现在看看和珅有哪些优点存在。

第一个优点，和珅有很大的创造力。这在他处理各种问题的时候都有很多体现。和珅小的时候妈妈就死了。他是正红旗出身，钮祜禄氏的孩子，妈妈死得早，是父亲把他带大的，他自己也非常努力学习。和珅不但是正红旗，而且是正官学毕业。电视剧里常常把他演得不学无术，其实错了，和珅的学问非常好，博学多闻，这是历史对他的评价。要没有这么好的能耐，怎么能编《二十五史》，怎么能编《四库全书》，怎么能编《满汉源流》，怎么能编《辽史》《西夏史》《金史》？这些书不是什么纪晓岚、刘墉编的，而是和珅主编的，每一篇文章他都要过目，里面有没有错他很清楚。和珅是正官学毕业，又是正红旗，以现在的话来讲，他是根正苗红。

因为有这个关系，和珅二十岁就在宫里面当警卫了，还当得不错。到了二十三岁，变成国家仪仗队的掌旗官。仪仗队掌旗的，个子要高还是矮？个子一定要高。历史上对和珅的评语是眉清目秀，不但人长得眉清目秀，而且非常英挺，个子又非常高大，才能当掌旗官嘛，要不然这旗怎么掌？

但是当时乾隆爷还不认识他，他的发迹是这样的，有一次乾隆的一个妃子死了，心情不好，就去热河度假，可是度假回来，心情还是不好，于是到后花园去散散步。刚好阴天，所以掌伞的官员就没有带伞，没想到走了两步，太阳就出来了，乾隆爷临时要伞："伞呢？伞呢？"

这个掌伞官就说："皇上，因为刚才阴天嘛，我以为阴天，就没有给你带伞出来。"

乾隆心情本来就不好，一听到这里更不高兴了。突然有个年轻人义正词严地在背后讲话了："自己的责任，犯了错还敢推卸?！错了就该承担。"

乾隆一听，这是谁讲的话呀？一看是一个小伙子在讲话，长得蛮英挺的，个子高大，也不错，就叫他过来了："你叫什么名字？"

"和珅。"

"什么出身？"

"正红旗。"

“哪里毕业的?”

“正官学。”

乾隆就跟他谈了些文学上、历史上、管理上的问题，没想到和珅是对答如流、出口成章。乾隆爷是喜欢读书的人，一看这小子书读得还真不错，出口成章，对答如流，长得又好，就问他：“你干吗当掌旗官呀，我调你到内务府有没有兴趣呀?”

和珅马上谢恩，就这样到了内务府，二十七岁当了大臣，掌管了哪些事情呢？掌国库、掌内务府、掌库粮、掌库银、掌崇文门税收。什么叫崇文门税收？进出北京的崇文门，有三种人是要交税的：第一种，当大官的人；第二种，做生意的商人；第三种，来赴科举的举子，参加科举考试的人。这三种人要交税，这项税收由他管了。为什么把国库、府库分开呢？国库是国家的钱，内务府的库银是皇上自己的私库，跟国库没有关系，它们是分开的。这两块也是交给了和珅去掌管。

历经了康熙、雍正以后，府库、国库很是空虚，乾隆很苦恼，为什么苦恼？用兵要钱，盖园林要钱，盖皇陵要钱，修河道要钱，救灾要钱。他还想修《四库全书》、修《二十五史》、修《金史》、修《满汉源流》、修《满史》，都要花钱呀！可是府库没钱，完全空虚，乾隆即位以后，已经换了四任府库的总管，都没有办法帮他筹钱，而且法律有规定，不能给人民加税。在不能加税的情况之下，钱从哪里来？怎么把府库充满？和珅你来做做看。没想到和珅做到了，而且做得漂亮极了。

皇上不但叫他管府库，还让他去查办贪官污吏。和珅就先去办了云南的贪官。和珅从北京到云南，没有先去拜访官员。他不动声色，到了云南谁知道他来了，过去通信不发达，没人接机，和珅骑着马慢慢就到了。到了云南他穿着便服先四处查访，把所有证据、资料统统弄清楚了才抓人办案。他把所有贪赃枉法的钱全部清算出来，没收以后全部归到府库里去，还有后来查办山东国泰的钱也全部都归到府库里去。也就是说和珅当官前期非常清廉、非常干净，而且办腐败贪污案非常严厉、非常谨慎，一个也不放过，所查出来的钱全部归了中央。

除去崇文门的税收、没收的贪官财产，和珅还把那些封疆大吏、盐商以及开工厂、煤矿、铁矿的富豪都叫过来，告诉他们，府库需要钱，你们赚那么多钱，以前的四任总管不敢追你们的税，我都要追，除了正常税收以外，你们多余的利润要不要捐一点给国家呀？不捐以后就不好做事了。捐！让这些有钱的富商、大官们都来捐钱。

就这样短短数年，在没有给人民加一毛钱税的情况下，府库全部充满了。所有追回来的税全部补进去，再加上富商捐的钱，以及煤矿、铁矿、盐矿这些由国家办的企业赚的钱，短短几年，前面四任总管没能做到的事，我们这位老兄全部做到了。乾隆能不高兴？“你真厉害呀，钱怎么搞来的?”“皇上，你别问怎么搞来的，绝对合法，我没有给人民加税，我也不偷不抢，反正我帮你弄满了。”乾隆心想这小子还是有办法呀。

有了这些钱以后，乾隆才有能力去对外用兵，才有钱去造园林、修河道。后来乾隆六度南巡的时候，造船、疏通河道用的也是这些钱。在这些工程建造的过程中，不断有人贿赂和珅，和珅就利用这些贿赂，买田地、买房子、开银庄、开当铺，钱滚钱、利滚利。和珅是一个了不起的经营学家，他被欧美认为是18世纪全世界的首富和最伟大的工商经营家。全世界排第一啊，这是中华民族之光啊，怎么能骂他呢？要是没有他我们还没有这个榜样呢。

这是和珅的第一个优点，他很有创造力。一个企业的领导人也是一样，要有创造力，我们叫做创造性思考。

人的思考有两种，一种叫做创造性思考，是水平思考；另一种叫做传统思考，是垂直思考。创造力是现代企业管理五力里面最重要的一个，哪五力呢？

一个企业要发展首先本身要具备核心能力，就是自己的实力，这个实力来自两个板块：一个是个人核心能力，一个是把每一个人的能力整合起来的组织能力，这两块合起来是企业的核心能力。

核心能力要转换成企业的竞争力才有用，否则只是纸上谈兵。空有这些实力，每一个员工都像和珅一样，像他一样博学多闻，像他一样能力强、背景好，可是如果不会把它转换成竞争力，没有用。一样学物理，有的人就能把这些物理知识转化为制造核武器的技术，有的人就做不到这一点。怎么把它转换出来？核心能力要转换成竞争力得经过中间两个很重要的力，一个是思考力，一个是执行力。“坐思终日，不如起须臾而行之。”每天想有什么用，不如立刻去做。执行力最重要的是团队运作，和珅在朝中、朝外建立自己的团队，一边让国家府库充盈，一边让自己家里也充盈，所以后来和珅被抄家的时候，家里的财产足以抵上清朝乾隆时代十五年的全国税收。乾隆年间一年的税收是七千万两，全国十五年的税收啊，现款多少？多得不得了啊。这个就叫做创造。

有思考力跟创造力，把原有的核心力转换成竞争力，有了竞争力以后组织才会有发展力。这就是现代管理最新的“五力理论”：从核心能力开始，经过思考力、执行力，转换成竞争力，再往下才是真正的发展力，组织才能永续经营。

和珅的创造力很强，一看就知道该怎么处理。我们从一件事情来看。乾隆一共办过两次千叟宴，就是全国的老人一起到宫里面吃饭，一次办五百三十桌。电视连续剧《宰相刘罗锅》里面就有千叟宴，不过那里面坐的人太少了，乾隆真正办的是五百三十桌，大家围着一个圆桌在宫里吃饭。可是第一次千叟宴非常失败，为什么？冬天，天气寒冷，一个人一个小锅，保温保不好，都凉了，所以吃得不是很愉快。

第二次千叟宴，乾隆责成和珅负责，和珅想，这一人一个小锅，马上就凉掉了，天气又这么冷，大家吃得不愉快，追究起来还不是我的责任啊。这小子聪明，我们现在的火锅用的是什么锅？圆的，中间一个大烟囱，里面烧木炭，可以把火弄小，还可以关掉。其实，这种火锅就是和珅锅，就是和珅发明的，他发明了一桌共用的大火锅，圆的，中间是一个大烟囱，里面可以烧炭，就这样，五百三十桌，吃得热乎乎的。乾隆乐歪了，大家也高兴，高呼皇上万岁，哎呀，这是谁发明呀，哪里找来的，真是了不起呀，有没有申请专利呀？过去没有专利权嘛，要不然就申请专利五百年，到现在还得付和珅的钱。

乾隆高兴死了："和珅呀，你小子厉害呀，还搞了这个锅出来，我都没见过。"

和珅说："万岁爷，那是你的福报嘛，你洪福齐天嘛，没有你，我哪儿有那个脑袋？都是你给的呀！"

这就是创造力，别人做不出来，你做出来了。所以别骂和珅，和珅成功是有他的道理，乾隆不是昏君，会用他一定有道理在，别人弄不到的钱可人家弄得到，那种锅为什么别人想不到，他想到了。他有能耐呀。

第二个优点，和珅慷慨。你以为结党营私那么容易呀，你去结结看，让大家都听你的，有那么容易呀？不舍哪里有得呀，中国人讲"舍得舍得，小舍小得，大舍大得"，他敢舍。有大臣到他家里去，"哎哟，和大人，你这个表可真漂亮呀，我没见过呀。”

“喜欢吗?”

“喜欢。”

“那就带回去吧。”

“送我?”

“你拿走，拿走拿走。”他敢给。

有一次，一个皇子把乾隆喜欢的小夜明珠打破了，慌了，问和珅：“怎么办呀?”

“我送你一个，送你一个更大的，跟鸵鸟蛋一样大的。你那个是鸽子蛋，那么小，我送你一个鸵鸟蛋一样大的。”

对家人，他也敢赏，所以他的家人们都对他忠心耿耿。我们企业的老板，有几个敢这样给员工的？他敢，我们不得不承认，他慷慨大方。

第三个优点，他博学多闻。和珅学问太好了，要不然怎么能负责编纂《二十五史》、编纂《四库全书》和《满汉源流》？不但博学，而且多闻，全国各地的风俗民情他全部知道，乾隆只要问到一个地方，他可以马上告诉乾隆这个地方的民情风俗是什么，特产是什么，最近有什么问题发生……对答如流，不用去思考，你问到蒙古我就回答你蒙古的问题，问到兴安岭我就说兴安岭什么样，问到西藏我就告诉你西藏话是怎么样的。全朝大臣谁有这个能耐？就和珅一个。不但这样，清史——是正史，不是野史——承认和珅的语文能力全朝无人可比。因为和珅读的是官学，本来就精通满文，从小读四书五经，又精通汉文，还精通藏文、蒙文、维吾尔文。所以达赖喇嘛到了北京，他不需要翻译，还可以给乾隆当翻译；蒙古特使来了，他当翻译；新疆的少数民族代表团来了，他当翻译。

不但这样，还可以去看看英国跟俄罗斯的历史，俄罗斯以前不叫俄罗斯，叫罗刹国，罗刹人来了，他仍然可以当翻译。英国的历史上写，当时英国使臣来的时候，为了那个跪拜礼仪，跟礼部的官员发生了大冲突。东西方文化不一样，英国自认也是大国："我也是大国啊，我凭什么跪拜你呀。"吵起来了，最后是和珅去摆平的。所以和珅的外交能力也是公认的，英国历史这样写：和珅是中国历史上的伟大政治家。即使以英国人的眼光来看，和珅也是一个长得英俊、高大的人，更何况他的学问又好，而且温文尔雅、口才好、外交能力强，让英国人不能不佩服，所以称他是伟大的政治家。

和珅精通汉语、满语、维语、英语再加上俄语，就是罗刹语。现在有几个人能精通这么多语言的？他的语文能力又强、又博学多闻，外交手腕又漂亮。所以我们不能只讲和珅是大贪官，人家好的一面你不能不看呀，人是多面性的，不是只有一面呀。

第四个优点，也是和珅最厉害的，就是反射能力强。什么叫反射能力？能够彻底了解对方真正的动机是什么，就是反射能力。我们通常跟员工讲话，表面是一样，心里想的又是一样，实际在想什么我没告诉你。能够从语言中去了解对方的真正动机和目的的能力，就叫反射能力。

举个例子，如果一个女孩子喜欢一个男孩子，她不会直接讲，比如直接打电话给他："你怎么没邀我去看电影呀，你觉得我长得不好吗？我现在打个电话提醒你呀，晚上打电话约我，听到没有？"哪个女孩子会这样讲？她不会这样讲，只会暗示。如果这个男孩子听不懂呢？我们大学毕业时，我记得我们班有个女生跟一个男生说："我们大学四年总算结束了，相信是我们另外一种生活的开始。"什么意思？我们的男生听不懂，“我当兵啊，我要去服兵役了，不就是新的开始嘛”。他就想到他要服兵役，而没有想到女孩在暗示什么。我们在旁边听到了，哈哈，怎么这么笨呀，赶快给他敲边鼓，不过最后还是敲成了。

现代管理学有个理论，要能够掌握反射能力，去掌握对方真正的动机，管理与谈判才会成功，否则很难成功。对方的动机是要这个，如果你给错了，肯定完了。

我有一个学生，他娶了董事长的女儿，那个董事长每天把他调这里、调那里，给他调了好几个单位。他在我面前讲到这里都哭了，他说：“我来自穷家庭，我岳父是董事长，我跟岳父住一起，每天吃饭他都骂我，骂得好难听呀！我在单位里这样轮换职位已经轮了五次了，真是痛苦不堪呀！岳父为什么要这么对待我？对我这么苛刻，骂我骂得这么凶，我哪里错了？”

我静静地听，听完以后我说：“我的看法跟你不一样，岳父表面上对你很苛刻，骂你、逼你，把你调来调去，好像不尊重你，可是我感觉，好像你岳父是急于把你栽培出来，所以整个部门的职位都让你轮了五次了。这样，你岳父多大年纪？”

“七十几岁了。”

“身体怎么样？”

“不是太好。”

“除了你太太以外，你岳父还有几个孩子？”

“我还有一个小舅子。”

“学历跟能力呢？”

“他远不如我。”

我说：“那就对了。我估计你岳父很快会把公司的一些重任交给你了。可交给你之前，那个儿子怎么安排？你岳父有没有打算去大陆投资呀？”

“有，已经在东莞买地，准备设厂了。”

我说那好，我敢肯定你岳父一定会宣布，到大陆投资设厂是一个有风险的行为，一定要他真正信任的人去管那个厂，所以一定会把你小舅子派去。把你小舅子派走以后呢，你很快就会升上来接替你岳父当总经理，全管了。

他跟我说：“老师呀，你又不是我岳父，这戏是你导演的啊？不可能呀，不可能。”

我说：“我告诉你，你岳父为什么对你那么严格，就好像你买房子贷款一样，本来要二十年还清的，现在变成要三年内还清，请问压力大不大？当然大嘛，本来想用二十年培养你的，现在三年内就要让你接班，这么大的压力整个上来了。所以你看着好了，我绝对没猜错，因为你岳父年纪大了，身体又不好，企业不能不找接班人，小舅子能力不行，接班人不是你是谁？可是这么短的时间要你接上来，他不能不严格培养你。”

半年后他来找我了，送了一个琉璃的“百蝠”——一百只蝙蝠做成的造型。“老师呀，这个给你当纪念品。”我说：“干吗？”他说：“我升总经理了，接我岳父的班了，我小舅子调大陆去了，我们家的变化是你在导演的，完全一样呀。”经验告诉我，一定是这样发展的嘛。

培养反射能力除了平常要多学以外，还要多看、多听、多思考，从经验中掌握每一个人的行为真正的动机在哪里。和珅的反射能力就是强。

一个领导人的反射能力强，组织一定强大；反射能力差，家庭破碎，更惨的，亡党亡国。齐桓公怎么垮的？因反射成功而成为春秋五霸的第一霸，因反射失败，整个完了，饿死在铁皮屋里面，多可怜呀。朱元璋的能力远不如刘伯温，可为什么他可以当皇帝，刘伯温不敢逆他？朱元璋讲了一句话：天下万事万物，没有一样瞒得过我朱某人的眼睛跟耳朵。意思就是说我的反射能力太强了，你们的一举一动我都了解，你们瞒不了我呀！就是因为朱元璋具有这个特征，刘伯温的能力再怎么强，也不敢反，而是要恭恭敬敬的。

朱元璋率文武百官去祭拜历朝开国君主庙，每个开国的皇帝，朱元璋都给他虔香一炷。轮到刘邦的时候朱元璋讲了："老刘啊，唯你我两人以布衣而至帝王之业，我特别给你上三炷香。"上香，上酒，完了以后，朱元璋指着刘邦旁边的张良的塑像："张良呀张良，刘邦杀功臣的时候你居然没有劝阻，你陷刘邦于不仁不义，这样不仁不义的人还能够在这里享受祭祀？来人，把张良的塑像抬出去打碎！他不够格在这里被祭祀。"就把张良的塑像抬出去了。刘伯温排在朱元璋后面跟着祭，一听朱元璋骂张良，他马上就反应过来："那不是骂我嘛，朱元璋杀功臣我也没劝阻，那我不是也陷他于不仁不义了？那我是不是也要被打碎啊？"刘伯温就这样知道了朱元璋的意思。所以要聪明呀，老板讲话是什么意思要能听得懂呀，慢半拍脑袋就没有了。这就是反射能力。

刘伯温回家以后就请病假不上朝了，装病。几天以后刘伯温想想时间到了，该辞官告老回家了。可辞官前得先问候皇上呀。进了宫以后，他先给皇上参驾："皇上万岁万岁万万岁，老臣最近身体不好，所以请了一个月的假。一直没来给你请安，今天稍微好一点了，特别来给你请安。"他是来干什么的？来辞官的。可是他说是来请安的。

朱元璋一看，笑了："刘先生，我们相处不是一朝一夕了，我看你的样子不像是来请安的。”

糟了，来辞官说是来请安，朱元璋要杀他欺君，罪名成不成立？成立呀。刘伯温慌了，心一横，今天不辞官了，请了安就走，那不就是来请安的嘛。心一横，死不认账，我请完安就走。朱元璋一看，“先生，我知道你不是来请安的，你来做什么实说没关系。我赦你无罪”。这下刘伯温才放松了，才敢讲啊。朱元璋的反射能力多强，他一看就知道刘伯温是什么意思，瞒不了他。

各位当领导的，如果部属瞒不了你，你说你的部属怎么贪污腐败、怎么骗你？反过来，你的反射能力没有你的部属强，那完了，就像和珅这样子，你的一举一动我全掌握了，你爱钱我给你钱，你爱女人我给你女人，你爱酒色我给你酒色，你爱游乐我给你游乐，满足你的需要，你就非依靠我不可了，我就受重用了，我就可以为所欲为了，我就可以一人之下、万万人之上了。开方、竖刁和易牙就是这样瞒过齐桓公的。

所以正史上写，乾隆皇帝只要一咳嗽，和珅的痰盂马上就拿过来了，不用多讲。乾隆只要一坐，和珅的茶就到了，而且连乾隆喝什么茶都知道，不会泡错，这种反射力太强了。当然说难听一点，这不就是拍马屁嘛，但是你也得拍对呀，拍错呢？给马踢呀，你以为拍马屁那么好拍的呀，那很不容易，你得拍对。和珅就是每一样都拍得对，别人拍不过他。就因为这样，深得乾隆的喜爱，二十年升官升了四十七次。

乾隆最喜欢的一个妃子叫香妃，其实就是容妃，因为有香味，所以乾隆喜欢她，可是没想到她的家族叛乱了，乾隆到新疆平叛，把叛乱的匪首杀了，可是容妃是匪首的孩子呀，那怎么办？乾隆就把她软禁起来了。香妃心情不好，不得宠了，又被软禁了，忧郁而死。香妃的死给乾隆带来很大的自责感，“唉，她的死都是我造成的，我造成的”。乾隆很喜欢她，又很自责，心情就不好了，和珅懂了，“皇上，上有天堂下有苏杭，皇上为什么不到苏杭去走走玩玩呢？那里也很快乐、很好嘛，皇上你可以去走走嘛”，和珅把乾隆说动了，乾隆就决定去了。

去之前和珅跟乾隆讲：“皇上要去，我等得先去帮你把路线弄清楚，我们是北京长大的，对那个地方不熟，应该先弄清楚，我替皇上去查清楚。”乾隆同意了。

和珅先出来，带了两张图纸，找到当地最大的盐商，姓汪，叫汪如龙，告诉他：“这里有两张图纸，你好好看一看。”

汪如龙翻开一看，第一张是一个女孩子的图像，以前没有照相机，没办法，可古代画像的技术非常好，画像跟照相机照出来的没两样。

和珅说：“按照这个女人的画像你好好给我找，找到了以后，就按照第二张图去盖一栋这样的房子，把她供养在里面。”

“和大人，这有什么用？”

“有什么用你别问，就按照这个图上的女孩子的画像，去找一个女孩。然后按照这个图纸去盖一个房子，让她安住在里面。做什么你别管。还有一个你要记得，这个女孩要保护好，出了问题我唯你是问。”

“和大人，当然当然。”

“还有，这房子应该怎么摆设，里面都很清楚，按照这个摆设，按照这个家具、按照这些东西的尺寸，你要做好。连园林花园都按照这样做，你是盐商，不会没钱。你好好做。”

“是，和大人。”

“要是没做好，小心你的脑袋。”

乾隆南下了，和珅故意安排乾隆在那栋新建的房子里住下，门一开，乾隆看到这个女孩就愣了一下，一模一样啊，跟谁一样？香妃啊。

乾隆愣了一下，啊，高兴呀。和珅赶紧说："这是汪先生给你准备的，万岁爷，他多么细心呀。"皇上高兴了，龙心大喜，召见了汪如龙。

乾隆就问他："你没当官?"

"没有。"

"那你想当什么官?"

和珅在旁边说："这样好了，皇上，让他当个盐官吧，他是卖盐的，就当个盐官，管盐去好了。他原来卖盐卖久了，知道盐怎么处理，怎么进，怎么出，怎么扣税，他最清楚了，就由他来管吧。"

万岁爷同意了。于是盐商一夜之间变成了盐官，这样一来江如龙变成谁的人了？能不变成和珅的人吗？从盐商一跃成为盐官，所有的盐商都归他管，所有的盐税都归他收，有什么好处他敢漏掉和珅的份？和珅能够想到这一招，为什么别的官员就没想到？不但自己赚了，肥了，国家也肥了，和珅就是这样办的。这个人太聪明了，皇上在想什么，一举一动他都清楚。

和珅的第五个特征，处事圆融。和珅非常圆滑，他不去得罪任何一个人，当时朝中与他为敌的有好多人，我们看的电视剧，像纪晓岚也好，太子颙琰也好，刘墉也好，御史钱沣也好，老是找他麻烦，挑战他，他都非常圆融地把这些麻烦化解掉了，大化小、小化无，太极拳高手，怎么来怎么化。所以这些常常批判他的人又都是他的好朋友，相处得很好。

第六是理财有术。和珅很懂得怎么做经营、做管理。我们赚了钱投资到哪里去？他赚了钱就是买土地、买房子、开银楼、开当铺，用这些钱继续滚钱，滚来的钱自己留一部分，当然还有一部分要补国库，让乾隆高兴。他很精明，也非常清楚，只要把皇上伺候好了，就等于控制了全部。何必伺候那些文武大臣呢？只要抓住一个人就能控制一切。这个观念对不对？抓住一个就能管理一切，有没有错？可是当时大臣们都没有想到这一点，只有他想到了。当年张居正如果懂得这个道理，跟明神宗搞好关系，那么身为神宗的老师，他的下场怎么会那么惨呀？不会的。

和珅在所有的收钱的过程当中，并不是强势地要求“你给我钱”，他懂得顺水推舟，懂得用寄生的技巧，取得皇上的信任。皇上要开运河，南下要修河道，要造船，要盖行宫，这些都由他负责；还有府库是归他管的，衣服、用具、宫里所用的一切都是他管的。既然是他管的，他要不要招标？买个东西要招标呀。既然要招标，那些企业界的人不就在他的掌握中了嘛。表面上为皇上把事情做好，而事实上这些全部都由他控制了。企业里有一个很好的肥缺位置，是什么？采购。采购权在他手里，当然是肥缺。和珅表面上为皇上，实际上是把他自己的利益与皇上的利益挂钩，只要把皇上要的做好，自己的就做好了，这就叫寄生的技巧。比如皇上出巡，出巡一定要修马路、修行宫，要接待，和珅很精呀，先打电话给地方官让他们提前安排好，而且每一次安排的路线不一样，还跟皇上说，我们每次都走不一样的路线，可以探访民情，了解各处的官吏做得好不好。山东的巡抚国泰，就是这么发迹的。

国泰当时只是个小官，县里的小吏而已，乾隆出巡之前，和珅打电话给他：“皇上南巡经过你这儿，你知道该怎么做吧？”

“知道，知道。”

“皇上南巡是夏天，你把沿途的绿化做好，河道清好，房子修缮好，该准备的你都要准备好。”过去的河流没有工业污染，比现在好处理多了。和珅统统交代完了，国泰照办。

乾隆就按照和珅安排好的路线出来了。走得正热，来到一个小县城，乾隆一看，这个小县城怎么修得这么好，心里很高兴啊，就说："这个小县城建得真好啊，绿化做得这么好，河流清得这么干净，又没有污染，完全是绿色工程嘛。"

和珅就说："皇上，我们这次走的路线，跟以前走的都不一样，这个县之前也不知道我们要来，不会提前准备，这样看来这个小县城搞得还不错，这里的官吏是勤政爱民呀。"

皇上一听，是呀，这个地方官、父母官可真是勤政爱民呀，你看路修得这么好，绿化做得这么好，河道清得这么干净。

这时候和珅就说了："皇上，如果这样，要不要接见一下，鼓励鼓励？"

"那当然要接见，鼓励鼓励。宣！"

国泰来了，皇上高兴呀："你做得很好，马上升官。"于是国泰马上就升官了。现在国泰升官了，他能不成为和珅的人吗？当然又是他的人了。和珅的势力就是这样逐渐扩大、培养起来的。历史上批评和珅说，刚开始是蚕食，后来变成鲸吞，势力就是这样慢慢扩出来的。

后来国泰做到山东巡抚，等于是现在山东省的省长，被人举报贪污。皇上派和珅去查办，跟他一起去办的是谁？电视剧里面演的是刘罗锅——刘墉，还有钱沣。和珅事先就打电话给国泰："来查你的库银了，你小心呀。""怎么办？""赶快找一些银子来，包好后塞到库里，把里面全面塞满。"

等到和珅带刘墉和钱沣来看库银时，发现库银完好无缺。可是钱沣一想，不对，既然有人举报，怎么库银会都在呢？下令，封府库！钱沣下令封府库。这一下令，和珅就知道没得救了。他马上学蜥蜴，断尾求生，牺牲掉国泰。你说要封？是该封。你认为有问题？我也觉得好像很怪，确实很有问题。这种可以当机立断、见风使舵、断尾求生的人能有几个？所以国泰是成也和珅败也和珅，跟当时的韩信一样，成也萧何败也萧何。其实和珅救过他，打电话让他准备了，可是钱沣看出端倪了，要查封银库，和珅不能不随顺呀，是呀，是该封，我也觉得有问题，封！这一封一查，问题出来了。银子外面包的纸是没错，但是里面包的银子不是国库的银子，是外面拿来搪塞的，国库的官银都是有标记的，那库银到哪儿去了？怎么拿税银当库银来搪塞？于是就把国泰斩了。这件事体现了和珅的应变能力，还有他那种断尾求生的能力。还能看出来和珅够狠，这是他聪明并且理性的一面，这时候不能再感性了，如果再感性连自己都要被牵连了，所以该断就要断，不能不这样做。

以上我们讲的几个都是和珅的优势所在，难怪他会得宠。这些都是史学家研究的结果，正史上记载，他得宠还有几个原因。除了反射能力强之外，史书上记载，和珅长得好，做事机警，干练，善理财。还有一点，他能满足皇上的虚荣心。乾隆喜欢书法、画画，什么都喜欢，还认为自己懂得鉴赏，学问好，每得到一幅画都要盖一个“乾隆御览”的大印，表示我皇上看过了。和珅知道乾隆有这样的虚荣心，在编《二十五史》、编《四库全书》的时候，就会有一些小动作，别人绝对很难想到他有什么小动作——故意抄错几个字。他不是不知道那是错误的啊，是故意抄错的，然后交给乾隆皇上，“都抄完了，请你过目检查一下”。乾隆一看，这个字错了，这个字是别字，马上全部指出来，一个不漏。他给乾隆出改错题，乾隆全部都纠正出来了。“哎呀，皇上你真是圣明呀，连这样小的错别字都给你揪出来了，皇上呀，你真是不得了呀！”乾隆高兴，在这么多大臣面前显示出他的才华，“你看看你们编的书里面的错别字，我全部都纠正出来了”。你想想看，你们能做到这一点吗？下一次你们送公文给老板看的时候故意写两个错别字给他改，老板给你改出来，然后你说：“董事长你真厉害呀，连这两个字你都揪得出来，你真了不起呀！”老板一高兴：“明天你当总经理。”和珅就是会玩这一招，所以不能不服他。和珅心思细不细腻？非常细腻，非常周全，而且弄得很好，因此他才能得宠。

和珅得宠还有一个真正的原因。原来绿营的兵不是拿钱的，而是每个月给几袋米，拿粮食来抵薪水，叫“明粮”。在乾隆四十六年的时候，和珅提出建议：“这样我们募不到兵，没给薪水嘛。应该给薪水。”那时候不叫薪水，也不叫军饷，叫“养廉银”，养育的养，廉耻的廉，养廉银，意思是给官员很高的薪水，这样他们就不会贪污了，叫给养廉银。

皇上一听也对，是该给养廉银。可是算一算，如果给养廉银，一年的开销是三百万两白银。这么多部队呀，一年得三百万两白银，所以乾隆就召开群臣会议了：“把明粮改成养廉银，你们认为怎么样？”

大臣们全部反对：“皇上，不行呀，那一年就得三百万两白银啊，国家的税收加重了，开支太大了。”

“可是部队需要战斗力呀，还需要补充兵源呀，你不给钱，谁来参军呀？当然要给呀。”

“可是皇上，这一给还得了，三百万两！”

只有和珅没讲话，在旁边笑，乾隆就问他：“和珅，和爱卿，你觉得如何？”

“皇上，我们现在府库充满，不要讲国库，光府银就有七千万两的现款在里面。这一年给三百万两那是小数目嘛，为了国家的兵力和战斗力，为了兵源的补充，花这点钱是应该的，应该为国家的长远利益着想。何况我们每年的税收这么高，府库满满的，还有盈余，怎么会不够呢？对部队你不能吝啬，对保卫国家的人你不能吝啬呀。”

乾隆一听，“我同意，和珅你来办这个事”。

就这样，和珅又被重用了。所以像这样的事和珅他都很清楚，皇上想做什么，应该顺着他去做，而且这并没有错呀，给养廉银需要钱，反正我去弄就好了嘛，你们怕什么，实在不行我和珅贴一点也可以嘛。就这样，和珅成功了，这样几件事做下来以后，和珅更得宠了。

刚刚讲的是正史上的记载。在清朝的野史上有这么一段故事，讲乾隆为什么喜欢和珅。雍正有一个妃子很漂亮，乾隆当太子的时候就很喜欢这个妃子。有一次这个妃子在梳妆，乾隆就站在后面看她，妃子转过头来，看见是太子，就行了个礼，再看他两眼。没想到这件事情传到雍正耳朵里去了。你要晓得，唐太宗的妃子后来跟高宗有问题的是哪一个？武则天。所以雍正一听到这件事情就想到武则天的事了，以为这个妃子在勾引太子，就下令让她上吊死了。乾隆很难过，觉得是自己把她害死的，于是就拿朱砂在她的脖子上点了一下，讲了一句话：“你好好走，二十年后，希望你能再回宫跟我在一起呀。”人死了再投胎，长大成年以后就是二十年嘛，乾隆就说，二十年后再回来一起啊。

二十几年后来了个和珅，颈上有颗朱砂痣，脖子上还有一圈纹，好像上吊的纹一样，而且和珅长得又英俊漂亮，乾隆怎么看怎么觉得跟那个妃子有点像：“奇怪，是不是她回来了？”这是野史写的，不可信，有时候讲课不用太严肃，听听野史也蛮不错的，中国人很聪明，写小说都很厉害，很会编，编出来让你觉得好像就是这样子，很快乐的事情就写出来了。

可是不幸的是，乾隆不是长命百岁，就好像商鞅辅佐的秦孝公一样，秦孝公一死，商鞅就麻烦了。乾隆八十五岁这一年，退下来当了太上皇，太子颙琰即位，是为嘉庆皇帝。

嘉庆即位以后，父亲乾隆还在呀，怎么处理和珅？颙琰每次要去见父亲都故意通过和珅："和大人，我要见父亲，有奏折给父亲，麻烦你转述一下好吗？"让和珅转述，让和珅安排见父亲。这样一来，和珅以为嘉庆是听他的、顺他的，反正全朝上下都是我的人，你奈我何？你颙琰的一举一动也在我的掌握中，通过我是合理的。颙琰就用这种方式欲擒故纵，连续三四年都顺着和珅，让他麻痹了，使得他对颙琰完全没有戒心。

直到乾隆死去的第二天，颙琰还很礼貌地对和珅讲："和大人，我父皇生前最宠的就是您老，最尊敬的就是您老，所以我是这样想的，先皇的治丧委员会的主任就由你来当。"嘉庆这样做合不合理？合理呀，和珅又是宰相、大学士、军机大臣，又是乾隆最宠的，所以他来当乾隆的治丧委员会的主任，他那些同党很自然地就都是治丧委员会的委员了。"既然是这样，先皇已经放在棺材里了，灵堂要有人守灵，你们治丧委员会的人就应该来守灵，陪着先皇。先皇生前最喜欢你们，现在他老人家走了，你们本来就该多陪他几天，不是这样吗，和大人？"

"对，对对。"和珅没有怀疑，给先皇守灵多光彩呀，治丧委员会的主任，带着一帮人在那里守灵，多好。

于是和珅他们就去守灵了。灵堂要保护的，有禁卫军围起来保护，表面上是保护乾隆的灵堂，实际上是把和珅看住了，让他动弹不得。嘉庆这一招是欲擒故纵：第一步，先让和珅对自己完全没有戒心；第二步，让他来当治丧委员会的主任，连同他的同党、党羽整票人都在灵堂里面，用一条看不见的绳子把他们全都绑在一起；第三步，派御林军把他们全围起来，表面上是保护乾隆的灵堂，实际上是把和珅看死了；最后，派人到和珅家，抄家去了！和珅根本不知道，为什么？古代没有手机，要有手机不就好办了嘛，下人可以打电话来：“不得了了，抄家啦！”可是和珅不知道，还在里面高高兴兴的，“太上皇，我陪你”。可是另一边呢，家里早就被抄了。一方面抄家，一方面把和珅所有的东西统统清点，和珅到底有多少房产、多少地，全部清出来。等到全部弄完，家里的人也全被抓了，财产也清光了，才下令抓和珅。七天后，和珅被赐死，上吊死了。

就这样，乾隆死了才不过两天，和珅就被解决了，不过十天，就被赐上吊了。这个过程，很多人以为是嘉庆的老师朱珪出的主意，不可能，因为朱珪没回来几天，还搞不清楚状况，而且朱珪原来也是被整得很惨的，现在突然回来了，不可能一下子给嘉庆出这种点子；而从嘉庆在位二十五年的表现来看，他自己也根本没那个能力和智慧想出这样的办法解决掉和珅。所以台湾的一些史学家认为，是乾隆很早就有预谋了，因为和珅临终讲了一句话：“我被先皇玩于股掌啊。”从这句话大家可以知道了，为什么说是被先皇玩于股掌？你和珅厉害，没错，但是你运气不好，碰到一个比你更厉害的领导人，乾隆很厉害，我走了顺便把你带走，你现在对我这么好嘛，我走了，你顺便到地府去继续服侍我吧。因此和珅的下场很惨。

刚才我们简单地给各位介绍了一下和珅为什么成功，可是后来他为什么又会失败呢？他败在疏忽，如果能稍微谨慎一点就好了。在后来公布的和珅的二十条罪状里面，仔细看，没有几条罪是可以治成死罪的。比如有一条，宣布颙琰为太子的时候，和珅一听，颙琰当太子了，要巴结太子呀，将来他当皇帝了自己还能被重用呀，就给颙琰送了个如意，结果连送这个都变成罪状了。什么罪状？宣布颙琰为太子本来是机密的，你怎么会知道？你泄露天机。还有什么骑马过崇文门没有下马，也是罪状；先皇生病的时候，居然没有表现出悲哀，也是罪状。所以这就奇怪了，二十条罪状里面有很多是根本不能成立的。但是皇上要杀一个人哪里需要什么罪，编一编就把你处理掉了，很可惜。

对和珅的看法，一般来说都是贪污腐败、受贿、结党营私，没有一个好的。今天我们从各方面来看一看，他是有这些问题存在，可是如果他没有好的一面，乾隆怎么会重用他？乾隆又不是昏君。所以我们是从两个方面来对和珅进行一个探讨，来更客观地了解和珅，对于和珅的某些优点，我们也可以学学。松下幸之助讲过一句话：如果能够把对手的优点变成自己的优点，再保留自己的优点，我们就再没有对手了，终将立于不败。我们学历史，就是要把这些古人的优点也变成我们的优点，再保留自己的优点，这样一来，我相信我们在商场上，一样能够立于不败。

和珅就简单介绍到这里。非常感谢各位！